培训师授课技能手册

周 平 ◎ 著

图书在版编目（CIP）数据

培训师授课技能手册/周平著.—北京：北京联合出版公司，2015.2（2023.8重印）

ISBN 978-7-5502-4402-3

Ⅰ.①培… Ⅱ.①周… Ⅲ.①企业管理—职工培训—手册 Ⅳ.①F272.92-62

中国版本图书馆CIP数据核字（2014）第303003号

培训师授课技能手册
作　　者：周　平
出 品 人：赵红仕
选题策划：北京博雅广华文化传媒有限公司
责任编辑：王　巍
特约编辑：李淼淼
封面设计：李尘工作室

北京联合出版公司出版
（北京市西城区德外大街83号楼9层　100088）
北京雁林吉兆印刷有限公司印刷　新华书店经销
字数231千字　　787毫米×1092毫米　　1/16　　17.25印张
2015年2月第1版　　2023年8月第10次印刷
ISBN 978-7-5502-4402-3
定价：56.00元

版权所有，侵权必究
未经许可，不得以任何方式复制或抄袭本书之部分或全部内容
本书若有质量问题，请与本公司图书销售中心联系调换。电话：010-82894445

自序　PTT让一切课程更美丽 / VII

第1章
临阵磨枪，不快也光

○ 优秀的培训师必须有备而来　/2
○ 高水平的培训师必经理论打磨和实践洗礼　/2
○ 再锋利的枪也需要磨得光亮些　/3

第2章
什么样的课程才美丽

○ 课程理论获得学员尊重　/14
○ 课程内容对学员工作、生活具有指导性　/23
○ 课程氛围让学员喜欢　/24

第3章
PTT的核心宗旨——展示

- 课程中的9个展示 / 30
- 开场展示课程核心宗旨 / 34
- 课程核心宗旨的提炼 / 34

第4章
PTT五大关键词

- 第1个关键词：感性 / 38
- 第2个关键词：理性 / 43
- 第3个关键词：互动 / 48
- 第4个关键词：准备 / 52
- 第5个关键词：开心金库 / 54

第5章
培训师的风格培养

- 全能培训师必须掌握的4种授课风格 / 60
- 培训师一辈子研究的3件事 / 69
- 偶像派培训师和实力派培训师是怎样炼成的 / 71

第6章
消除课堂紧张心态

- 培训师紧张心态分析与应对 / 76
- 驱除紧张感的6个妙招 / 86
- 用积极的心态缓解紧张情绪 / 97

第7章
课程开场主观看法建立

- 什么是课程主观看法 / 104
- 课程中主观看法的重要性 / 106
- 课程积极主观看法的建立方法 / 106
- 开场主观看法建设哑火的处理方法 / 107

第8章
对学员思想、感受、行为的设计

- 抓住学员思想 / 110
- 增强学员对课程的正面感受 / 114
- 带动学员在课程中的积极行为 / 116

培训师授课技能手册

第9章
课堂互动技巧

- 课程容易沉闷的时段分析 / 122
- 课程中提问的最佳时间点 / 124
- 开场三问训练 / 130
- 三组合问话训练 / 136
- 五组合问话训练 / 138
- 课程八大互动技巧训练 / 141

第10章
培训师语言训练

- 4种不规范的课堂语言 / 160
- 7种专业发音训练 / 164

第11章
培训师肢体语言训练

- 肢体语言的重要性 / 172
- 四大职业手势 / 172
- 培训师手势的四个位置高度与三个位置宽度 / 183
- 教室布置决定培训师步法 / 192

- 注意课程中的形体 / 196
- 眼神和表情规范 / 196
- 不规范的肢体动作是健康的大敌 / 198

第12章
8场高标准讲课演练

- 第1场：90秒即兴强行填词规定技巧讲课训练 / 203
- 第2场：4分钟定向规定技巧熟悉级训练 / 208
- 第3场：6分钟定向规定技巧高度级训练 / 216
- 第4场：8分钟定向规定技巧高度、深度训练 / 223
- 第5场：6分钟理性专题风格授课技巧训练 / 233
- 第6场：6分钟感性专题风格授课技巧训练 / 236
- 第7场：6分钟互动专题风格授课技巧训练 / 243
- 第8场：15分钟综合风格定向规定技巧授课训练 / 250

致谢 / 261

自序
PTT让一切课程更美丽

在中国，很少有人能讲清楚"PTT国际专业讲师培训"与"TTT培训师培训"的关系与区别。很多没有学习过正规PTT或者TTT课程的人，遇到我之后都会问我两者之间的联系。

严格来说，TTT源于PTT。

1937年，美国国家教育部门希望提升美国教育质量、统一全国教育标准，在国内发起借助民间力量和资金解决美国教育问题的号召，于是，美国民间机构研究出PTT课程。该课程于1944年成为美国教育界指定的提升讲师、教授授课技能课程。

1968年，商业人士希望将PTT市场化，获取在企业培训的商业利益，将PTT中单纯提升讲师授课技能的内容进行改版，增加了一些管理元素、行政性质的培训知识，降低了授课技巧级别标准，并取名为TTT（training trainers to train，训练训练者组织训练），很快在美国商业培训市场普及。后来传播到亚洲地区。

PTT涉及的知识很简单，就是"展示"。TTT涵盖的知识比PTT丰富，包括培训计划、培训组织、培训服务与现场管理、培训技巧等，而对讲师展示方面，针对性不强，只训练相对简单的讲课技巧。

有一个比喻：TTT是一个摄制组。拍一部电影，摄制组有导演、编剧、制片、策划，也有采购、剧务、灯光、化妆、司机，还有演员——

主演、配角、群众演员、跑龙套的。PTT就是主要演员，只管表演好，不管别的。也就是说，TTT是管理PTT、服务于PTT的，同时也做一些基础的内部培训，所以涉及面很广；而PTT走专业展示技巧路线、高端的讲课技巧路线、大牌讲师路线。

1994年，美国著名财务咨询管理机构安达信公司在香港举办了第一期PTT课程中级班，我有幸参与其中。这是亚洲地区的首个PTT课程。那时我还不知道什么是PTT、什么是TTT，甚至都不知道世界上有这两套课程。虽然我1992年就开始在国内一所学校任教了，但是我对国际教育了解不多。而为期4天的PTT国际专业讲师培训课程，改变了我的人生和命运，也提升了中国培训界的质量。

2001年11月21日至24日，第一届PTT国际专业讲师培训的商业性公开课在中国内地举办。课程结束一个月后，我与当时课程主办方负责人见了一次面，他表达了要在中国大规模发展PTT，让PTT成为中国培训主流课程、成为中国培训师必修课程的想法。这个时候我们探讨了PTT的版权问题，对方将原来的PTT（presentation of trainer training，训练训练者在讲台上的专业展示能力）重新定义为：professional trainer training（训练训练者的职业能力）。

直到今天，中国的企业想要做企业员工培训，就会先举办"企业内部培训师培训"来培训企业自己的培训师。于是PTT课程就成为企业一定要考虑的一门课程。当今中国的企业培训师或者商业性职业培训师，绝大部分都是出自PTT或者TTT培训。

目前，中国培训界对PTT和TTT课程的需求量非常大，能讲PTT和TTT课程的培训师成百上千，个人一年课程量超过100天的培训师就有50人以上。而中国很多大型企业几乎每年都有PTT或者TTT课程的培训预算，像银行业、通信行业，几乎每个省、每个地区一年都会做几场PTT或者TTT培训。如：中兴科技一家企业，一年就有超过100场的PTT或者TTT课程安排。

简单介绍了PTT和TTT，我再讲讲自己从事培训工作20年，在职业发展的5个阶段中的感受。

第一阶段：绝对追求感性与互动。

刚开始从事培训时，注重课程的极端感性，保证课程的氛围，创下了16年来没有人在我的课程中睡觉的纪录。

第二阶段：追求课程感性、理性与互动的完美结合。

重视课程的理论基础和感性，保证了课程理论与感性相结合。

第三阶段：追求课程绝对针对性、感性、理性、互动。

重视课程感性和理性，同时保证每个课程仅仅适合本班学员，并有意识地增加互动。

第四阶段：追求课程的艺术性与高雅。

用课程艺术代替无厘头的感性与互动，保证课程变得高雅；将理性的课程内容提炼到只适合本课程使用，让课程变得简洁、专业。

第五阶段：追求课程的美丽。

20年职业培训生涯到今天，前4个阶段似乎都过去了，我对PTT也有了新的体验和感悟，浓缩为一个词——"美丽"，追求课程的美丽。

第 1 章
临阵磨枪，不快也光

优秀的培训师必须有备而来

高水平的培训师在授课前一定是有准备的：理论架构清晰、艺术体系设计完善、个人特点与课程知识水乳交融、课程高度与深度交替推进。只有这样，才能加强学员的操作能力，让学员能有效识别正确、错误，让课程真正有效。

有些培训师的课程内容系统结构清晰，但要么在授课前缺乏针对性准备，要么一套知识体系同样授课方式在多个授课场所不断重复，要么完全没有授课技巧与艺术。其课程形式基本上全部由名词解释和知识讲解组成，课程能达到的唯一效果只能是让学员知道内容是什么，不能达到让学员透彻掌握知识、自如运用知识、充分喜欢知识的授课效果。

以上现象就是很多不讲求实战的培训师、不讲究艺术的培训师在授课后被学员或企业认为课程无效的重要原因所在。如理论性、学术派培训师只注重课程讲解的部分，忽略与学员共同讨论的环节，不考虑将学生纳为课程局内人的价值，只用最原始、最简单的讲解形式授课，以致尽管课程内容很好，却仍然不能产生好的课程效果和价值。

高水平的培训师必经理论打磨和实践洗礼

我坚决反对培训师在实力不足的情况下接课、讲课。当然，实力不足的培训师往往不会认为自己实力差，他们往往将课程的失败归咎于自己运气不好，归咎于学员和企业不会欣赏或者太挑。

一个国家任何行业的发展和保持领先，绝对不单靠行业内的绝顶高手,而是靠对这个行业完整的人才梯队培养体系。

中国的乒乓球运动,从地方到国家体委,都有一套完整的人才培养体系,如小学生培训体系、中学生培训体系、地方队职业运动员培养体系、国家队职业运动员培养体系。正因如此,才使得中国的乒乓球运动在世界上长期占据霸主地位。

多年来,先后参加过我PTT课程学习的学员人数超过3万,据不完全统计,其中有1600多人在市场上担任职业培训师、咨询师等。我非常希望所有培训师都能经过PTT课程的打磨,再走向培训市场,成为合格的实战培训师。但是,每个人发展的轨迹和对自己的信心级别是不一样的,有的人有20年的企业实践经验,简单学习PTT课程后,就能在培训市场一举成名;有的人实力稍逊,但是展示能力强、语言能力强,也能在培训行业占有一席之地。与前者相比,后者的课程虽然多了些热闹的场景,但对社会的实质贡献却会逊色许多。

还有的人能力不足,又不具备展示天分,但是在社会诱惑下,在很多商业性培训师包装机构的怂恿下,也投身到了职业培训师队伍。这些人中有一部分经历几次失败和摸索后,逐步进步、成熟和专业了,他们对培训行业的贡献依然是存在的。当然,更多新出道的培训师在几经失败后被培训机构放弃,只能淡出培训界。

我的建议是,不管一名培训师如何出道、有何特色,都必须经过理论的打磨和实践的洗礼,才能不断提高自身水平。

再锋利的枪也需要磨得光亮些

培训师靠实质内容来保证课程质量,叫"利枪"。培训师靠艺术技巧让学员喜欢课程进而爱学习，叫"光亮"。

很多培训师学术水平高，课程内容实战性强，但是缺乏让课程"光亮"的能力，所以不受学员欢迎。只有提升课程艺术性，让课程艺术性与内容兼备，这样的培训师和课程，才既受学员喜欢，又能解决学员的实际问题。因此，擦亮你的"枪"就非常重要了。

通过激发学员兴趣进而提升课程效果有两个套路：一是内容与艺术结合套路，二是时间单位与艺术强行嫁接套路。

1. 内容与艺术结合套路

内容与艺术结合套路，是指课程中每个内容都有相应的授课技巧。"课程技巧"这个词被很多人误解了，经常被理解为只玩花架子，影响正常授课。实际上，课程技巧是课程内容的放大镜，有技巧的课程，更能让学员接受和理解。

比如说，有人升职了，你在办公室碰到对方，对他说："恭喜你，你做领导了。"他看不到你的真诚和对他的尊敬。你要是写一封祝贺邮件给他，他会感受到你的祝福和诚意；你要是邀请他吃饭庆祝，他会感觉到你很重视他、尊重他。

这就是技巧。技巧能让你更好地表达你要表达的东西，让对方根据你的表达领悟你的内心。

如表1-1所示，任何课程内容都需要固定的授课技巧，绝对不能单纯用简单讲述的方法教授，尤其是非常高端的课程内容。

表1-1 课程内容规定技巧授课模型表

课程名称：中国茶文化与领导智慧（两天）		
	课程内容	每个内容使用的技巧
3700多年中国茶文化史	中国茶叶从宫廷到民间的传承	中国每个朝代偏好茶叶的故事
	中国茶文化引领世界风潮	外国人喝茶技巧与爱好的故事
	中国茶产地条件下的茶叶特点	研讨会：哪些茶、主产地（表格填写）
茶与人性	龙井茶与出生婴儿	故事：万家祝福的喜悦
	花茶与少女：人见人爱	历史典故
	铁观音与男士（23~30岁）	讲这个年纪的人与这种茶的共同点
	红茶与娇妻（23~30岁女士）	讲23~30岁娇妻与红茶的共同点
	普洱生茶与成熟男人（30~60岁男士）	讲树种与人、茶气与成熟男人共同点
	普洱熟茶与爱妻（30~50岁女士）	讲熟茶的华贵与雅致
	大红袍与成功人士	讲成功人士的特点和故事
	凉茶与健康	从凉茶配方讲健康的故事
茶壶天下与人性修养	人应具备茶的气质	讲叶剑英的人际思维观
	人应具备壶的修养	讲邓小平三起三落的故事与茶壶修养
诗茶围炉	人有阶、马有品、茶无贵贱的对待下属的领导魅力	人有阶、马有品：宫廷书法大赛，不许百姓参加；茶无贵贱：如下棋者不求品阶只求对手
	水有温、酒有度、人有脸面的给人机会和方便的领导魅力	水有温、酒有度：任何时候都不会刻意过分要求，不然就失了茶人风度；人前人后给人脸面，给人方便；讲故事，茶如风，自然自在
	你有情、我有意、茶水交融的上下级人际关系的领导魅力	效仿古人礼节游戏：训练
	你信任、我产能、相互依托的高绩效团队的领导魅力	童话：《想要的世界》，每人写一篇童话

2. 课程时间单位与艺术强行嫁接套路

（1）课程时间单位的重要性

和内容与艺术结合套路不同，课程时间单位与艺术强行嫁接的套路层次相对低一些，每项课程内容表达出来后对学员心里的震撼程度相对弱一些。但前者是需要多次讲同一门课程沉淀下来的"内容与艺术结合对比"，后者则是讲一门新课程或者拿别人PPT讲课的培训师，在对内容掌握还不绝对有深度的时候，把课程按时间单位分配，确保每个时间段都有激发学员投入、带领学员互动、让学员快乐的素材。这样的课程，即使内容还不成熟，也能用技巧和艺术性撑起课程场面和气氛。

李明老师是一位海归博士，在通信行业授课多年。基于他对通信行业的了解和深入研究，很多专业做通信行业培训的机构一直请他给中国移动、中国电信、中国网通、中国联通等公司上课。

李明老师很重视学术性，对中国移动业务做了深入研究后，设计了一套为期两天的中国移动业务专业课程。由于只有一套课程，所以他在移动的课程量不大，一年80天左右。而且，由于课程沉闷、场面不活跃，导致培训机构、受训企业及学员虽认可他的专业能力，但就是不认可他课程的艺术性，成堆学员在课上睡觉。

2004年我与他第一次合作，他很真诚地告诉我在他课程中遇到的问题以及他的苦恼，请我帮助他修改课程体系。他毫不保留地把完整的讲师版PPT拷给我，给我足够的时间研究，帮助他提升课程的艺术性。

简单翻阅和分析他的课程体系后，我得出3个结论：

1.课程系统庞杂，无法在2天时间内讲得很透；

2.他研究的专业都是学员的工作，学员或多或少有些掌握，由于时间少、内容多，课程深度不够；

3. 严重缺乏课程艺术性、课程案例、学员互动的设计。

随后，我给他的课程做了4点改动：

1. 把2天的课程时间改为5天，保证了每个内容基本面都能深入讲解；

2. 把7个原本只是大纲级别的内容重新定位为3小时独立课程，解决了因为课程单一致使课程量不大的问题；

3. 要求他每张PPT内容上，至少从下面规定技巧中使用一个来提升课程艺术性：案例、故事、组合提问、训练、研讨会、唱歌、做游戏、跳舞、回答问题小组积分、开发内容相匹配的历史典故；

4. 强行在每小时课程中安排两次，每次3~8分钟的艺术性、娱乐性技巧。

和他分析了对他课程的修改思路后，他当时像孩子一样放松下来，拉着我的手不停地表达谢意。

一个月后，他推出一套为期8天的"通信业务营销管理实战"课程，所有PPT都照我说的标准做了艺术加工，不仅保证了内容信息的量，而且保证了每项内容的深度。

三个月后，他给我电话："周平老师，我现在每个月课程量都在20天以上，课程现场我很轻松，现在每次下课后都有学员来和我合影了。"

◎点评

李老师成熟了，他找到了课程的真正核心，他掌握了企业培训的真正目的。他改变了风格、改变了观点后，短短几个月时间就获得了很大的提升。

（2）课程时间单位分配

"课程时间单位"这个词应该只在PTT国际专业讲师培训导师班出现过，由于在中国还没有开办过PTT导师级别的课程，因此这个技巧也就一直只有我个人使用。

课程时间单位有以下5种分配方法：

①**每小时为一个课程时间单位**。这是企业初级培训师的标准。没有学习过PTT或者TTT课程的培训师，靠自学达到这一标准的不多。

②**每30分钟为一个课程时间单位**。这是商业性初级培训师标准。按照这个级别的标准来衡量，现在很多商业性培训师其实是不合格的。

③**每15分钟为一个课程时间单位**。在中国能真正达到这个级别的人不多，曾仕强老师、洪海江老师、尹冬元老师、郎咸平老师都属于这一层次。这样级别的老师一般都会得到学员的认可和称赞。

④**每8分钟为一个课程时间单位**。在中国，只有参加过PTT国际专业讲师培训高级班的学员，在某个8分钟能达到这个要求。曾仕强老师在课程中很多时候也能达到。能达到这种要求标准的老师，一定是按小品导演的方式安排课程细节的。

⑤**每张PPT为一个课程时间单位**。

可以这么说：每个课程的时间单位越小，课程的难度就越大，课程的效果就越好，课程的价值和传播性就越高。

为什么赵本山的小品、郭德纲的相声大家百看不厌、百听不厌？因为时间短，不会错过开头和结尾，而且在过程中笑料百出。

现在有些电影，虽有最美的画面、最强的明星阵容、最大的投资、最动听的音乐、最精彩的特技等，但整个影片缺乏观赏性，细节占的时间太长，很多人看到主人公把剑刺了出去，去了洗手间，排完队、上完洗手间回来，那一剑还在刺的过程中。这样的电影怎么能受欢迎，怎么会有好口碑呢？

相比之下，冯小刚导演的《非诚勿扰》（第一部）就是一部水平非常高的电影。110分钟的电影，60多个电影情节，最长的就是葛优在酒吧与舒淇的对话——用时2分多钟。为了让这2分多钟不沉闷，导演采用了极端感性的手法，以一个故事、葛优的眼泪、舒淇的愤怒和对葛优人品的质问来保证了2分多钟的静态画面不冷场。

全片60多个片段，每个片段单独拿出来，都是一个有头有尾有内涵的小品，这些小品组织起来，就是葛优相亲的全过程。

这就是好的电影，每个情节时间越短，电影效果就越好。培训也是一样，每个课程时间单位越长，课程效果就越差；每个课程时间单位越短，课程效果就好。

曾仕强老师的课程就是按"课程时间单位"来布局的，不管从哪开始，听个5～10分钟，就能感受到他传授的经验和哲理。他的课程内容就是很多不同主题的单独呈现，把这些独立主题合在一起，就成为一个完整的大课题。

（3）课程时间单位的艺术要求

①**每个课程时间单位必须有理论内容**。让学员在这个时间有学习知识的满足感。

②**每个课程时间单位必须有感性素材**。因为只有感性才能时时刻刻吸引学员的注意力，学员注意力不在了，还要这个课程做什么？

③**每个课程时间单位必须有互动素材**。没有互动的课程，该是多么沉闷啊！让不互动的课程少一点，让能互动的老师多一点吧！

④**每个课程时间单位必须有课程独立目的性**。这个课程时间单位你要干什么？为什么这么干？你要让学员学习什么？学习这些有什么用？

⑤**每个课程时间单位必须有快乐元素**。不能让学员快乐的培训师，

不应该留在课堂上。

表1-2 课程时间单位艺术结构设计表(一小时)

时间	艺术与技巧
09:00—10:30 第一节课,每22分钟要做什么	一节课的开始:抓住学员的思想,一定要结合理论内容
	讲高端的内容,获得学员信任、尊重
	可能会沉闷:讨论
	一节课快结束时,一定要讲些理论
10:45—12:00 第二节课,每17分钟要做什么	开场气氛,把学员的心收回来
	大面积互动:游戏,带给学员快乐
	高水平的理论,保证学员学习到知识
	用最快乐的方式收场,让学员对下午有信心
14:00—15:00 第三节课,每20分钟要做什么	学员午睡回来,一定要振奋学员精神
	用大面积互动讲述内容:头脑风暴法
	用极端感性语言,保持学员注意力和状态
15:15—16:15 第四节课,每20分钟要做什么	最容易沉闷的时间段:研讨会或者训练
	课程中最重要的内容来吸引大家注意力
16:30—17:30 第五节课,每20分钟要做什么	时间不多了,重要内容先讲
	大面积互动:讨论
	课程一定要总结

注:这是每小时课程时间单位管理,是企业内部培训师的标准。这个标准能保证学员课堂上不睡觉,6小时不走神;课程每小时都有经典的、高端的内容。

表1-3 课程时间单位艺术结构设计表(半小时)

	时间	艺术与技巧
第一节课	09:00—09:30	培训师介绍、内容广告、抓住学员思想
		第一个重要内容,让学员学习到知识
	09:30—10:00	多提问,让学员参与、大量互动
		案例、大量内容
	10:00—10:30	快乐素材、大量互动
		有高度、有深度的内容
第二节课	10:45—11:20	大面积互动开场,抓住学员思想
		讨论
	11:20—12:00	故事
		高水平内容

（续）

时间		艺术与技巧
第三节课	14：00—14：30	开场气氛，把学员的心收回来
		大面积互动：游戏，带给学员快乐
	14：30—15：00	高水平、有深度的理论，保证学员学习到知识
		用最快乐的方式收场，让学员对下午有信心
第四节课	15：15—15：45	本节课最容易犯困，一定要振奋学员精神
		研讨会、大面积互动尤为重要
	15：45—16：15	用大面积互动讲述内容：头脑风暴法
		用极端感性语言，保持学员注意力和状态
第五节课	16：30—17：00	讨论
		多提问
	17：00—17：30	课程回顾

注：这是半小时课程时间单位管理，是初级商业培训师、企业高级培训师的标准。这个标准能保证学员课堂上不睡觉，6小时不走神；课程每半小时都有经典的、高端的内容。

> **总结**
>
> 填鸭式的艺术结构安排，是帮助理论结构很强的培训师增加课程艺术性最好、最快的方法。
>
> 通过艺术结构设计，一个课程就灵活了、热闹了，氛围就好了，学员就喜欢了，培训师与学员的关系就好了。
>
> 理论系统强的培训师使用本技巧叫提升课程艺术性；没有理论的培训师使用本技巧叫"投机取巧"，慎用。建议课程理论系统不强的培训师还要参看后面的内容，强化理论系统。

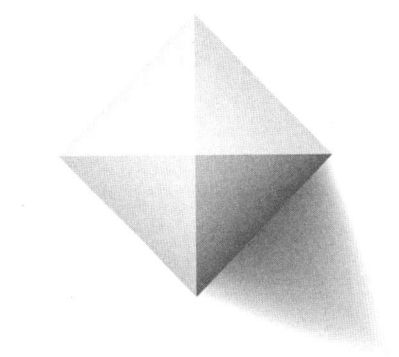

第 2 章
什么样的课程才美丽

"美丽"这个词很少被用到课程中来,一般用于"某地风景很美丽""某人长得很美丽"等。

PTT课程源于展示学,展示就是一意追求完美,就是让课程变得美丽。

对于"让一切课程更美丽",如果不仔细讲解,每个人的理解都会不同,甚至完全相反。而这一理念并不是可以随意理解、随意解释的,它有确切的定义和执行标准。当每个培训师都正确理解了"让一切课程更美丽"的真谛,并且去追求美丽,那他们的课程理论性、实战性、艺术性就能达到一个高点。

什么是"让一切课程更美丽"?如果你现在停下来思考,总结出自己的观点后再与下面的内容相对照,就会理解得更深刻一些。

让一切课程更美丽有三大元素:

①课程理论获得学员尊重;
②课程内容对学员工作、生活具有指导性;
③课程氛围让学员喜欢。

课程理论获得学员尊重

课程是由理论内容基本框架逐步延伸成小节内容,然后向细节内容扩展而成的。培训课程中无论是基本框架、课程小节,还是课程的细节内容,都必须获得学员尊重,因为只有获得学员尊重的内容,才能让学员重视、喜欢和学习,才能保证学员在课程中有实际收获。

很多培训师认为,只要是理论,只要是知识,就应该被人尊重。这句话没有说错,但是在一个企业培训课程中,学员总是希望所学习的内容都是自己需要的、自己不会的、自己困惑的,这样的短期学习观点几乎是企业培训的主流观点。于是,当学员认为课程内容与自己无关时,就可能对课程丧失兴趣。

1. 什么是不被尊重的内容

要搞清这个问题,首先要区分清楚企业内部培训与人生能量建设。

举个例子,古诗词、音乐、舞蹈、气功等,也许与一个人的职业毫无关联,但是每个人都知道要是具备了这些知识或者其中之一,就是对人生的能量建设;这些知识、理论、内容确实值得尊重,但是这些知识在很多人看来是可以慢慢学习的,而也许很多人一生都不会去学习,如果在企业内部培训中讲这些内容,肯定不符合培训成本预算(企业在为高层人士订制课程时例外)。在企业常规的培训中,大多数学员都希望直接学习有效的、马上能用的、能让自己豁然开朗的内容。

再比如说,一个销售技能培训课程,所有人都知道客源开发、电话技巧、语言沟通能力等内容非常重要,但是参加培训的人,有的学习过这些内容,有的没有学习过这些内容。对于没有学习过这些内容的人而言,这些内容是值得尊重的;但是对于已经学习过的人、岗位能力很强的人而言,他们不一定会对这些内容买账。而一个培训班里,往往学习过的人是主流、是高职务的、是有群众影响力的,当这些人认为课程知识、理论不应被尊重的时候,职务低的人、新人、说话没有影响力的人的观点、感受就不重要了。

总的来说,不被学员尊重的内容包括:

①部分或全部内容学员学习过,而培训师又没有独特的知识点;

②内容的格局与学员级别、所处岗位不匹配;

③培训师讲的东西理论性太强,与实战相差太远;

④培训师讲的全部是实战,缺乏理论高度、深度;

⑤培训师讲的内容很好,但培训师课前没有给学员做好内容高度、重要性的建设;

⑥培训师对所讲内容研究不深,提供的参考资料不够,或者培训师实力不足,讲的东西都是在闭门造车;

⑦培训师没有课程的深度研究经验、工作经验，阅历还不如学员，讲得苍白无力；

⑧课程中出现明显、严重的知识错误，内容说服力不够等。

基于以上8项问题，培训师要注意在课程中设计更多能赢得学员尊重的内容，来提升单场课程的价值。

2. 不要给不受尊重的内容找借口

很多达不到"理论被学员尊重"级别的培训师会说：学员职位级别有高低、学历层次有高低、社会阅历不同、想学习的东西不同。

也有人会说：一个培训班，有些人学习过这门课程，有些人没有学习过。没有学习过的学员，第一次学习，自然就会尊重了；而学习过的学员又学习第二次、第三次，甚至是第N次，他们对内容的尊重程度自然会降低。

还有人会说：我的内容对学员很适用的啊，只是这门课程的性质本身就比较沉闷，这不是内容有问题，换了谁来讲沉闷的课题，课程氛围都会很差的。

……

作为一名合格的培训师，应该保证任何一门课程、一场培训，内容都能获得所有学员尊重，而不是用诸多借口为自己开脱。

记一位销售实战派培训师的课程窘状

（尊敬的读者朋友，下面这位培训师是一位有多年销售经验和辉煌业绩的销售实战家，如今已属中国培训界名流，也是本人多年的好友，征得他的同意，可以使用本案例，但是不方便透露其原名，我们用化名马老师代替。）

2011年3月底，是中国首届PTT国际专业讲师培训高级班在井冈山举办的日子，有十多年经验的商业优秀培训师"马老师"参加了本次课程。课程第一天晚间休息时，马老师单独和我就他个人培训中遇到的困惑进行了长达一小时的交流，希望我能找出他的问题并提供解决方案。

通过交流，我了解到马老师虽然具有本科学历，但与销售专业不对口，以致在销售实战和培训中，其学历知识无法得到发挥，也就是说，马老师的课程学术性不强。不过，他多年成功的销售经验与方法成为其讲台上的荣耀和课程质量的保证（在中国销售培训师中，这样的老师比例非常大）。马老师在授课中，只要讲到实战，就非常受学生尊重，但讲到销售理论和销售经典案例时，就会出现冷场，甚至有学生表现出不屑和对内容的直接挑战，这个问题成为他最大的困惑，也成为他走向高端讲师的障碍。

根据自己的特点，马老师在课程中往往以实战授课内容为主，同时为了弥补学术的不足，他从很多营销培训书籍中，借来大量的数据和理论知识，填充到课程中。但由于他对借来的知识和理论没有很好地把握和研究，或者他借来的书本数据和理论知识也许本身就不严谨，并非从实际操作中得来，因此，这样的数据和知识非但不能让课程更精彩，反而为课程带来负面效果。

于是，我对他的情况分析如下：

1. 实战性内容非常有效实用，但是面对实战能力与他相当或者超越他的学员，课程内容不受尊重；

2. 面对极端理性的学员或希望学到营销理论的学员时，课程内容得不到尊重；

3. 面对销售能力比较脆弱的学员时，他无疑是一位"救星"级别的老师；

4. 在遇到追求实用的企业和学员时，他是一位优秀合格的老师。

对此，我给他的建议是：

1. 不要为了证明自己的学术能力而求借于不了解的人写的书籍；

2. 关注和学习销售实战名家与实战学术相结合的老师的论文、书籍中的知识观点；

3. 借用和学习世界营销经典概念和以营销见长成就企业的营销观点与管理思想；

4. 多参加实力派营销老师和被广为认可的大牌营销老师的培训班，检查和分析自己的内容体系与名师的差距，有些内容和观点可以直接借用，但是要标注内容的出处，以保证对传授自己知识的老师的尊重。

◎点评

一年后我再与马老师相见时，他给我讲了他这一年的收获与喜悦，我也看了他的课件，发现知识系统少了很多，知识来源纯净了很多，没有了知识的堆砌与虚华，但每个知识点都与他讲的实战内容相结合，形成了真正由课程知识理论来指导的操作执行标准。这样的课程具有可复制性、可传播性、可持续性，当然广受欢迎。

3. 什么是受学员尊重的课程理论

受学员尊重的课程理论有两个维度：课程高度和课程深度。

（1）课程高度

没有高度的课程，得不到学员的重视，无法使学员感受到课程的价值，不能激发起学员对课程的兴趣。

企业产品品质管理培训课程开场白

开场内容1：给出一个因为产品质量丢失了大客户的案例——这个案例一出来，所有人都会重视本课程。

开场内容2：我们有先进的生产设备和技术，96%以上的产品都达到了世界顶级产品的质量标准，但是由于剩下4%的产品达不到这一标准，我们企业被认为达不到世界顶级标准，我们的产品被认为质量不稳定。于是我们产品的价格就比世界顶级产品便宜一半。而达不到"世界顶级品牌"的原因，是我们没有品质意识，缺乏系统的管理，缺乏每个人以产品荣誉与自身荣誉相结合的精神。希望今天的课程能引起大家的重视，还我们企业产品以应有的排名和礼遇。

开场内容3：今天我给大家带来中国航天的质量标准。一颗卫星升空，既是几亿、几十亿的投资回报，又是一个国家航天实力的证明。由几万个配件组成的卫星，只要有丝毫的问题，就会影响中国航天技术在国际上的地位。今天我就按国家航天设备质量管理的标准和内容，帮助大家从更加有高度和深度、更加有大局观和细节思维的角度审视我们的产品品质。

◎点评

以上是课程开场白举例。在课程中不一定需要这么夸张的手法，但是能提升课程高度的内容而不去用心提升，就是断送自己课程的前途。

那么，什么是有高度的内容？

①国内外行业权威人士的专业论文和行业大型会议的发言内容。

行业权威人士的专业论文和发言内容，专业性、系统性和逻辑性都很强，受人尊重，能在课程中瞬间提升学员的信任度和重视度，能快速带领学员进入课程内容。

②国内外行业龙头企业的操作标准及流程。

很多培训师在培训中打"名企牌",学习单位也不管那家公司的管理方法、流程、文化是否适合本企业,只要是"名企方法"就好使、就信服。这些内容最起码会被企业认为是可以参考的、有价值的内容。

③国内外行业最新执行标准和法律。

对培训业而言,任何一个行业的新标准都能产生不少新课程。如:手机3G业务的上市,使得中国通信行业全面寻找能讲3G业务的培训师讲课,不能讲3G业务的培训师,瞬间就被通信领域淘汰了。

新修订的《中华人民共和国劳动法》颁布实施后,懂新劳动法的培训师的培训价格瞬间翻番。我记得一个专门在深圳讲"人力资源师认证"的培训师,原本每天课酬不到1000元,但他掌握了新劳动法的知识和执行要求及执行过程中可能出现的问题后,写了一门课程——"新修订劳动法实务培训",一下子就火了,一天出场费高达5000元,一个月最多讲过26天课程。经过一个月的高强度授课,讲课技能得到提升,高度、深度把握精准,感性、理性素材鲜明,这个培训师从此出名了,步入了高级职业培训师行列。

(2)课程深度

深度是培训师对所讲课程内容实践的掌握,是培训师帮助学员提升岗位能力、纠正工作错误的保证,也是培训师提升培训单位培训消费投资回报率的保证,更是培训师获得学员尊重、信任的保证。

没有课程深度的培训师,也许不会被企业和学员直接说差,但也不会有学员忠诚度,不会受到企业的再度邀请,不会有学生多年后依然觉得你是优秀培训师甚至"终生之师"。

那么，什么是有深度的内容？

①提出行业内的常见问题、疑难问题和热门话题，并且解决它。

行业常见问题是培训采购的主流课程，而且课程量非常大。课程能解决行业常见问题的培训师，一定是有敏锐的行业观察力和很强的行业专业性的。一个培训师一旦解决了行业常见问题、疑难问题，就能一举成为行业名师，能有讲不完的课程，能无论遇到多么刁钻的学员、要求多么高的企业，都会轻松地将其带入良性的课程氛围中。

我的一个朋友——马瑞光老师，他2003年进入零售行业培训，那时候还很少有专业的零售行业培训师。他在进入零售行业培训之前，就积累了不少零售方面的经验，基于此，他在课程中直指行业问题并解决之，由此在中国零售培训界声名大噪。

我的另外一个朋友——谭兆霖老师，应该是中国领导力培训领域的大师级人物，其培训机构主办的总裁班、领导力公开课超过130场。他的课程往往也以领导者、总裁常见的问题分析为主，学员在学习总裁知识、技能，培养素养和情怀之余，最主要的是能解决很多执行中的常见问题，因此谭老师在培训行业常青20年。

②大型企业同岗位30人以上共同研究的操作标准。

几万人以上的大型企业，会根据岗位实际情况、操作者的体验，共同研究和制定出岗位操作标准和可行的操作方法及流程，他们得出来的套路一定是实用、易学、有步骤和标准的方法。企业渴望学习大型企业的成功方法、高标准的套路，从而提升一个岗位所有人的能力。

如丰田模式、5S管理、7S战略管理等，都是源于一个企业的操作流程，后成为全世界同行业学习的标准。其实除了著名品牌课程外，所有课程、每个岗位都有标兵企业的优秀操作模式，如我一个朋友郭楚凡写的《华为狼性营销》课程，每年课程量达到200天以上，仅仅"华为"二字，在企业通知培训时，就会引来学习者一阵骚动与期待。

"大型企业同岗位30人以上共同研究的操作标准"不仅仅可作为课程名称,也可用于课程大纲或课程小节。

"店面终端销售的3、4、8、10模式"技巧培训

一、台湾震旦家具对顾客的3种颜色分析与应对

二、摩托罗拉对顾客购买产品的4种心理活动分析与应对

三、美国哈佛大学营销学院:从顾客计划购买前到实际购买后8个心理活动阶段分析与应对

四、日本汽车营销培训学院:从顾客进门到顾客出门的10个销售步骤训练

◎点评

以上是一个为期两天的店面零售培训高端实战课程大纲,所有内容全部来自著名企业、著名机构的实战总结,思路非常清晰,具体销售操作中客户成交率也非常高。学员看到大纲后非常期待,虽然还没有正式开始培训,但是课程的深度及实用性已经显现出来了。

③**企业城市区域内行业研讨会内容素材。**

中国很多省、市都有大规模发展的行业,行业区域特性非常明显。了解国际行业现状的,不一定了解中国现状;了解中国现状的,不一定了解某个区域的现状;就算有所耳闻,也不一定有丰富的数据支持,于是区域行业研讨会内容及素材,成为提升课程深度的重要内容之一。

课程1:富士康2010年员工跳楼事件调研、分析与解决

课程2:四川家具企业发展策略与执行

课程3:温州皮鞋制造业流水线生产管理

课程4:广东地区劳动力短缺时代的企业人力资源管理思维突破

◎点评

这样的课题或者素材，都有很强的地方性和时机性，也是行业或地区亟待解决的问题。在课程中增加一些这样的素材，能大大提升学员对课程内容的尊重程度。

总结

"课程理论获得学员尊重"有两大纬度、六大方法。六大方法可以分别独立使用于不同课程，也可以几种方法或者全部方法使用于同一个课程；可以使用于课程大纲，对大纲进行全面武装，也可以使用于课程细节，让细节亮点突显。

课程内容对学员工作、生活具有指导性

试想，如果你是学员，当一个培训师的课程能帮助你解决工作中的常见问题，能提升你的工作质量和效率，这样的课程，你能不喜欢吗？

很多培训师空有理论而缺乏实践，对所讲课程没有深度调研，以致课程内容缺乏对学员工作、生活的指导。然而，不能帮助学员现场进步的课程不是好课程，不能帮助学员现场进步的培训师不是好培训师。因此，培训师应根据自己亲身经历和内容调研，将课程内容与学员工作结合，解决和指导学员工作中的实际问题。如果课程没有解决学员工作中的常见问题，就是有缺陷的。

现场培训与学员看书学习的区别就在于：看书学习和看视频学习是知道工作岗位技能的大概，是学习基本流程，是系统性或者单一性了解一件事情、一个方法，是简单浅显的学习，而无法对某件事情有更深的理解，不能解决情况各异的具体问题。基于此，现场培训对培训师就增加了一项要求。

现场学习，能在课程常规内容基础上增加互动环节、答疑环节，能根据现场学员的实际需求调整课程重点，能将"内容时间比"向"重要内容时间比"转型；学员可以直接向培训师提出自己的困惑，得到常规内容以外自己需要的知识，并通过培训师的深度讲解和分析，解决实际问题。

> **总结**
>
> 任何对学员工作、生活没有指导性的培训是完全没有意义的。
>
> 培训师的价值就在于：
>
> 传道——对学员的人生观、价值观有指导性；
>
> 授业——对于学员要做的工作、技能有指导性；
>
> 解惑——对于学员不明白的知识、观点、方法给出答案。

课程氛围让学员喜欢

PTT中有一句名言：让学员快乐比让学员学习到知识更重要。这句话曾经带出过很多观点：有人说，让学员快乐与让学员学习到知识同等重要；也有人说，培训中首先保证学员学习到知识，如果能给学员一个快乐的课堂就更好了。

培训部是企业的展示平台，是窥一斑而知全豹的企业文化窗口。企业精心挑选的人才，很多时候就因为一个沉闷的新人培训回到了人才市场。

1. 沉闷的课程氛围破坏企业培训文化，打消员工学习积极性

当今社会，人的压力越来越大，工作时间越来越长，能集中让员工快乐的机会只有在工间操和培训中产生。如果企业培训还不能让员工快乐一点，这个企业的员工也太不幸了。

我看到很多企业的培训学院关闭；看到很多企业的培训班从人头攒

动变成只剩下一个培训专员；看到很多企业通知培训时，被通知的人以诸多借口加以推脱，这是典型的企业培训环境差，主要原因就是大家不喜欢培训、培训不快乐、培训时老挨批评不受表扬、培训没有新意，等等。

很多企业和培训师认为内容好，学员就应该喜欢，课程就应该有效。如果以这样的逻辑，那就成了只要我喜欢你，你就应该嫁给我；只要我的产品好，别人的产品就无法活。实际上，再好的东西要生存、要被接受，都需要有它的环境，这个环境就是"喜欢"。

培训让大家喜欢有两点：第一，内容好；第二，氛围好。这两点各占一半，这就是很多老师讲课后很郁闷的原因，他不明白："为什么我的课程学术性这么高，学员给我打的分却这么低？"他甚至奇怪为什么一个搞拓展的老师，7小时课程下来，知识性内容不多，而学员就是喜欢。

2. 氛围好的课堂、带给学员快乐的培训师是企业培训文化的基石

员工工作压力、生活压力都非常大，如果课程能给学员带来快乐，能让学员在课程现场忘掉烦恼，这样大家就会喜欢培训，甚至会主动要求参加培训。企业培训文化建立的初期，靠的就是好的培训氛围和能制造好的培训氛围的培训师。

■ **工具：营造气氛的拔波语言**

没有好的培训氛围就没有员工对课程的喜欢；

没有好的培训氛围员工就会惧怕培训；

没有好的培训氛围很多优秀的员工会流失；

没有好的培训氛围企业会缺少很多的欢乐；

没有好的培训氛围员工凝聚力会下降；

没有好的培训氛围就很少有积极向上的员工。

拔波语言有5种，分别是单线拔波语言、双线拔波语言、三线拔波语言、四线拔波语言、递进横拔语言。上面那段话就是单线拔波语言。

因为拔波语言是需要几百次训练才能掌握的，所以下面只列举两种最简单的拔波语言。

1. 单线拔波语言

是每句话一个意思，达到一句话的目的；第二句比第一句语言能量和效果要强很多，说服力要大很多；第三句比第二句话的能量又要大很多。由此一句一句递进下去，如果是赞美一个人，会让听者把被赞美的人联想到很高的高度；如果是摧毁一个人，就会让听者对被摧毁者有极端不好的看法。

前文所列的6句带"没有"的话，就是一句一句把事情往差里说。

2. 双线拔波语言

每句话由两个半句组成，前面半句和后面半句表达意思的程度不同或反差很大。

（1）双线拔波有"正拨"。

即前面好，后面更好。如：小张结婚前非常爱学习，结婚后更加爱学习对工作有用的知识。——前面爱学习，是表扬一个人，后面半句是更加认可他的好学对工作、生活的价值和用途。再如：小李当组长之前对工作非常认真，当组长之后更加懂得带领和指导别人工作。

（2）双线拔波有"反拨"。

即前面好，后面不好。如：小张结婚前非常重视形象仪表，结婚后完全不注意自己的形象。——前面半句先说好的，后面半句说不好的，这样反差极大的语言，会让听者有更加清晰的理解。再如：小李当组长之前对工作非常认真，当组长之后工作的认真和积极性全部不存在了。

3. 没有天生无法氛围好的课程，只有不会营造氛围的培训师

很多人会说：我们讲的是生产管理，内容就是很沉闷啊。可我要说，世界上没有一个课程是天生沉闷的课程，只有不懂得营造课程氛围的培训师。

> 深圳培训师联合会有一位优秀培训师——肖杰老师，他有5年武警教官背景，退伍后直接进入深圳富士康给班组长做培训，5年后到一家30人的高科技电子厂做副总，3年时间工厂发展到350人，人均生产能力大于富士康。
>
> 他在培训员工时，总是故事不断、案例不断，还花了几万元购买了很多道具，模仿生产现场授课，让员工觉得培训快乐、实战、高效。
>
> 有一次我到他的现场听了半天课程，我不懂生产，对他的内容不敢做评价，但是我觉得他找到了生产管理培训中最高效、最快乐、最实用的方法。
>
> 他购买了上万件课程道具，让学员模仿生产的实际场景进行拼图、做成飞机或高楼。在动手过程中，学员很容易遇到生产中的计划问题、质量问题、流程复杂问题等。肖杰老师用模具/道具授课，既提升了课程乐趣性，又直接反映出实际生产中的问题，寓教于乐，指导了大家学习和改进。

世界上只有不愿意让学员快乐的老师，或者不懂得带给学员快乐的老师。任何课程都能找到带给学员快乐的方法，而中国的培训师往往认为自己的课程实用就是对学员最大的帮助，课程效果差，不是课程内容不好，而是大家不爱学习。

有这种观点的培训师，是没有分析过成人学员心理的，他只管将工

作的方法教给学员，而不注重讲授的方法。这样的培训师被培训界淘汰了，还不知道为什么会被淘汰。

思考

请仔细翻阅你以前讲课的PPT，看看每张PPT中是否至少具备三大因素中的一项，如果一张PPT中一项也没有，那这张PPT就没有存在的必要。如果这个内容必须要讲的话，可以缩成一句话，放到另外一张PPT里。不要盲目地为了扩充PPT数量而影响了所有学员对你课程内容的评价。记住，上课只有几个小时，而一个课件是要终身留给学员的。

总结

让一切课程更美丽的三大因素：

1.课程理论获得学员尊重；

2.课程内容对学员工作、生活具有指导性；

3.课程氛围让学生喜欢。

在课程中，一张PPT至少体现三大因素的一项。如果培训师有实力，可以在一张PPT中将三大因素全部体现。

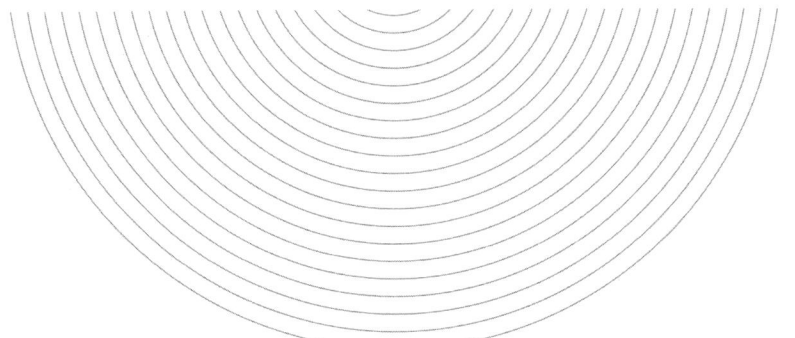

第3章
PTT的核心宗旨——展示

PTT的核心宗旨是展示。展示是一门专业学科，在表演学、导演学中很常用。培训师授课、演员表演都是展示，只是培训师的展示比演员演戏的展示从形式上要简单一些，但是文学性、教育性、实效性、目标性要强很多。

课程中的展示是将既定的内容通过培训师的技巧组合、语言效果、感性元素等艺术加工，呈现在课堂上，取代简单、枯燥、乏味、照本宣科的授课形式；是以提升学员对课程的兴趣，提升学员对内容的记忆力，用最有效、最合适的方法快速让学员掌握知识为目的的授课形式。

课程中的9个展示

1. 展示课程内容的深度、高度

如果培训师没有很好地展示出课程的深度和高度，不出半小时，学员就会对课程感到乏味。因此，培训师必须在半小时内展示出有深度或者高度的内容。

很多培训师在课程中，先讲一个简单的内容，再讲一个基础的内容，而学员对这些内容已经有所了解，就会觉得培训师缺乏实力、课程没有干货，实际上培训师将很多有深度、有高度的内容安排在后面的时间了。所以，内容的编排也是展示的一种。很多培训师也会对内容进行编排，但只是以内容顺序进行编排，而PTT要求以波峰浪谷为编排顺序。实践证明，波峰浪谷的编排是学员最喜欢的编排形式。

工具：波峰浪谷

"波峰"是课程中最少每半小时要有一个高潮，一个没有高潮的课程，是无法获得学员认可的。而"浪谷"是课程在高潮的时候，要瞬间让现场的气氛安静下来，但是在安静中，学员注意力必须是集中的。只有课程中出现了安静的低谷，才能有将气氛推到高潮的空间。

很多老师只知道在中音量上平平地讲述，声音虽大却没有高潮，而没有高潮的课程就很难让学员持续保持注意力。波峰浪谷就是将课程不断推到高潮、让学员在情感追随氛围中获取信息并持续思考的授课形式。

2. 展示培训师的语言魅力

培训师是靠语言来讲清楚事情的，在一对一的交流中，对语言的要求会低一些；但在课堂上，在一对几十、几百，甚至一对几千、几万的时候，对培训师的语言要求就高了。一个培训师的表演语言通常有200种以上，受过专业训练的培训师，他的每一句话几乎都是一种语言，如果有一句话没有专业的语言名称，那么这句话的冲击力是不够的。

这些语言名称如：理性语言的"顺常规理论逻辑语言""定义理性语言""序列理性语言""程式理性语言""等式理性语言""叠式理性语言"；感性语言的"激情似火让人沸腾的语言""怀旧情感语言""自嘲感性语言""煽情感性语言""柔情似水感性语言""画面感性语言""情景感性语言""铿锵感性语言""戏剧感性语言""宏厚感性语言"等。

3. 展示培训师的亲和

没有人愿意和没有面部表情的人交流，没有人愿意和没有情感的人交流，没有人愿意在严肃的氛围下久待，没有人愿意在一个没有自我的场所做陪衬。这组单线拔波语言，道出了培训师亲和力的重要性。

培训师授课中的亲和力是让学员喜欢的重要法宝。很多培训师只知道在讲台上狂喊，嗓子破了、声音哑了、人也累了，就像街上卖艺耍把式一样，不知道表演功夫，结果没有几下体力就不够了。而一些表演花式武术的，演得好看、耍得惊险、看得刺激，还不费太多体力。

培训师的亲和力主要体现在一个眼神、一句赞美、一种温柔的语气、一个从容的手势、一段失败案例的惋惜情怀、一个微微的弯腰，等等，这些都能不经意地让学员感受到培训师的亲和力，有了亲和力就有了学员的服从与配合。

4. 展示培训师的文学性和艺术性

课程中，不能因为是实用培训就放弃文学性和艺术性。其实，越是实用性课程，越缺乏美，就越需要培训师刻意地增加文学、艺术和美的元素。在课程中展示文学、艺术和美，不单是为了文学性和艺术性，更是为了保持和提升学员对课程的兴趣，提升培训师的权威性。

> **工具：展示文学性、艺术性的方法**
>
> 1. 用一首恰当的古诗词对讲的内容做个引入或总结；
> 2. 发挥一段即兴的小诗或者有准备的小诗；
> 3. 用一张艺术的图片与课程内容相结合；
> 4. 用恰当的故事、典故、史实与内容相呼应等。

5. 展示培训师的感性

感性是在课程中抓住学员注意力的最好手段，培训师有多感性，学员注意力就有多集中。而没有学员的注意力就没有课程的实效性。

在第4章"PTT五大关键词"中会重点阐述"感性"。

6. 展示培训师的积极心态和优秀品格

培训师在课程中多讲积极语言,不传播消极元素;培训师在课程中多提倡规范性作业,少讲山寨手法;培训师在课程中多表现公平,少讲黑幕;培训师在课程中多树立积极的品格,少讲不道德行为。

学员也知道社会上的一些黑暗现象,但黑暗是少数,并非社会主流。学员更希望培训师讲授积极的、规范的现象,违反这一条的培训师,就会失去在学员心中的正面形象。

7. 展示培训师的幽默与浪漫

幽默、浪漫的培训师不仅仅是知识的传授者,更是学员人生的导师。在压力越来越大的今天,人们似乎都忘了要抽点时间让自己幽默和浪漫一下。很多人不会将压力和不快乐归咎于生活问题或公司氛围问题,他们会认为自己做得不够好。如果培训师在课程中能带给学员幽默、浪漫的感觉,就会带给学员在当下寻找美丽人生的积极心态,而不是怀疑和抱怨。

8. 展示课程内容系统的完善性

在课程中处处都要考虑内容系统的完善性,这样才能让学员对你有信心。很多培训师的课程内容非常实用,理论高度、深度都很强,但是往往内容系统不完善,导致学员觉得培训师欠准备、欠研究,课程欠完善。

9. 展示课程的实用性与权威性

任何课程都应该以实用、实战和学员实际收获为出发点和原动力,否则这个课程没有任何价值。

对课程中的每个内容点,培训师都需要尽可能地开发和安排工作中能用的、要用的内容,并且发挥第2章"什么样的课程才美丽"中第一节的相关内容来提升课程的权威性。

开场展示课程核心宗旨

任何课程必须有它的核心宗旨,并且在前5张PPT中展示出来,让自己牢记也让学员清楚本次课程的核心宗旨。

很多培训师授课走题,是因为设计课程时没有把核心宗旨作为课程开发主轴,没有用核心宗旨来约束自己的课程体系,没有用核心宗旨来缩小课程知识面,以致内容宽、散,没有重点。也有培训师的课程内容不错,但是没有重点或者重点太多缺乏焦点,这都是课程没有核心宗旨所致。

课程核心宗旨可以是一段话,也可以是一句话或一个词,但是必须对课程具有全面的概括性。

> **总结**
>
> 课程核心宗旨的要求是:
> 1. 任何课程必须有核心宗旨;
> 2. 必须在课程的前5张PPT中展示出来。

课程核心宗旨的提炼

提炼课程的核心宗旨是件很难的事情,基本上确定了核心宗旨就确定了课程的方向。也可以反过来说,有了核心宗旨就有了课程的方向。

很多培训师文笔很差，一个课程下来没有几句经典语言，这样的培训师很少得到学员的尊重。而提炼核心宗旨正是提升培训师文学、理论、学术能力的一种方法。

培训师要懂得一段话说清楚一件事，也要懂得一句话说清楚一件事，还要懂得一个词说清楚一件事，这样，培训师的口头语言逻辑与口头语言文学就能得到很好的训练。

"销售员客源开发培训"课程核心宗旨提炼

核心宗旨1：销售员提升客源数量是持续提升销售业绩的保障。

核心宗旨2：庞大的客源储备量是销售员职业生涯的基石。

一段话核心宗旨：销售员提升客源数量，是销售员有销售业绩的基础，是后续业绩的保证；没有庞大客源储备的销售员对短期和长期销售业绩都充满恐惧，于是提升销售员客源就是提升销售员后续业绩，就是销售员走向优秀的保障。

"基层管理人员自我管理与自我激励培训"课程核心宗旨提炼

一个词核心宗旨：成长。

（解释：本课程的宗旨就是要让每个人在岗位上获得计划内的有效成长。）

一句话核心宗旨：自我管理创造成功人生。

（解释：本课程的宗旨是通过有效的自我管理和自我激励，让每个人在每一阶段都充满成功感。）

一段话核心宗旨：有效自我管理是通过对基层管理人员个人行为、形象、心态的管理，让其成为一位优秀合格的管理人员；通过自我管理，提升管理者行使职权时的业绩和绩效；通过有效激励，使基层管理者在遇到困惑和障碍时能将其克服，向优秀管理者迈进。

思考

请尝试提炼几个课程的核心宗旨。

课程名称：电话销售技巧训练

一句话核心宗旨1：_____

一句话核心宗旨2：_____

一段话核心宗旨：_____

_____

_____

_____

课程名称：沟通技巧

一句话核心宗旨1：_____

一句话核心宗旨2：_____

一段话核心宗旨：_____

_____

_____

_____

> **总结**
>
> 　　核心宗旨是让学员知道课程意义和价值最直接的方法，是帮助培训师紧扣主题的工具，是提升课程深度、高度的手段，是课程不走题的保障。

第4章
PTT五大关键词

第1个关键词：感性

1. 高端培训师的感性和气场

目前中国培训市场上的培训大师或高端培训师有两大共同特点：

特点一：感性能力极强。

他们能瞬间带动人哭泣，当然自己也在那里一把鼻涕一把泪地哭；能瞬间带动学员欢笑；能瞬间激发人积极向上、心潮澎湃；能瞬间带动人静静沉思。

这些培训大师可能并不以学术见长而成名，但一定是以案例、故事、比喻、充满激情和极具感召力的语言、风趣幽默的台上表现等受人欢迎。

与此相反，很多博士甚至博导写出惊天之作，企图用内容博得学员的喝彩，结果这些"学术大家"成为"课程沉闷""无法调动学生积极性"的培训师的负面代名词。对这些不懂感性的培训师，最高的评价也不过是："老师的观点不错，学术水平不错，但是我不喜欢。"

特点二：气场十足。

中国培训师的名气和出场费绝对不是以其学历、政治地位、经济地位和企业职位来定的。决定培训师价格与名气的重要参数是培训师的感性与气场。当然，在培训市场尚不成熟的中国会出现这样的现象非常正常，而且培训师也确实应该发挥感性魅力来吸引学员注意力，运用气场来调动学员积极性。试想，学员注意力不在了，课程还有什么意义？学员的心和思想都不在课堂上了，他们还能学习到知识吗？

可以这么说，感性与气场是培训师必须要掌握的基本功和技能，没有感性和气场的培训师是不合格的。

2. 感性在课程中的重要性

感性是课程中抓住学员注意力的唯一手段。讲清楚理论知识，肯定是课程的出发点。我从来不否认课程中需要这些，我甚至希望能给学员讲更多知识、更多理论、更多观点，但是这些内容需要在学员注意力集中的情况下讲，才能被学员接受，而只有感性才能时刻抓住学员的注意力。

很多老师把学生成绩差、考试不及格怪罪于学生笨、不爱学习，实际上应该怪罪的只有一个人，就是老师没有抓住学生注意力。

3. 课程中的感性包括哪些

课程中的感性素材包括以下几点：

①讲故事、说笑话；

②运用案例；

③唱歌、跳舞；

④游戏、健身；

⑤小组、个人才艺展示，PK，发奖；

⑥展示精美的PPT、图画；

⑦借用名人名句、古诗词，对对联，修改文学名句；

⑧运用幽默语言或脑筋急转弯等。

除了上述感性素材，培训师还要会运用感性语言。

感性语言有二十多种，用得最多的是引起学员感官共鸣的语言。

比如：

①让听众和读者闻到培训师所讲事物的味道；

②让读者感受到文章中主人公的心情；

③让读者体会到作者的情感；

④让读者看到作者文章反映素材的画面；

⑤让学员跟随着培训师讲述文情景走动。

课程中做到感性比做到理性要难很多倍，可一旦做到了，要比做不到感性的老师快乐很多倍。感性是要靠学习和训练的，要想快速提升，可以经常组织一些感性素材研讨会、感性语言大赛，等等。

4. 培训师的气场修炼

气场是培训师在课程中抓住学员眼球、带动学员积极性、指导学员和感染学员按照培训师希望的方向发展的保障。

培训师的气场有两种：第一种是硬气场，第二种是软气场。

（1）培训师的硬气场

①不管课程有没有好的内容、高明的学术理论，培训师都要用高音与激情带领学员进入热烈的课程氛围。

在中国培训界，很多从保险公司、成功学流派、传销直销机构、证券销售员培训等领域出来的培训师身上这一特点都很明显。

气场强的培训师中，十有八九都是用不追求内容的硬气场。比如讲成功学的某些培训师，尽管学术水平不高，课程内容理论性不强，但是课程中却豪情万丈。

我见过北京一位培训界"大家"，没有半点解决国家教育的实际方法，却整天喊着要拯救中国教育，每次都在课堂上哭得稀里哗啦，也带动了学员的眼泪。

②内容具有学术性或专业性，甚至权威性，带给培训师极强的自信心。

培训师在课程中，或抓住一两个理论知识点，或用自己研究的有高度的内容、新颖的观点，辅以表演手法展示出来。之所以会用这样的方法提升气场，感染大家，是因为其希望用强烈的感染力来烘托好的内容，使其不被学员平淡待之。

我组织我的学员看过郎咸平教授的讲课视频，他的激情总是在他的内容前面，无论是站着讲还是坐着说，他的语调总是那么有感染力，肢体动作总是精神头十足，他几乎从来不会平静、不会累。

郎咸平教授的成功有4点：第一，内容很有深度、实用性强；第二，确实有很强的发现问题和解决问题的能力；第三，指点江山的语气和对他自己内容坚定的信心，感染着现场的观众；第四，富有激情的语言及表演效果、充分的案例运用是他的成功秘籍。

（2）培训师的软气场

软气场是培训师最难达到的境界。不需多大的声音，不需多丰富的肢体语言，甚至连看学生一眼都是多余的。一个词形容——不怒自威。

软气场有两种：第一，亲和力；第二，实力极强，很自信。

①亲和力下的软气场。

培训师用极具亲和力的语气，意深而情浓的语调，拳拳动人心的语句，带领学生进入自己的思想和情感境界。

这样的感性语言，要求培训师表达时语音较低、语速较慢，每句话都有画面感或者让所有人都有同理心。培训师讲到水蜜桃时，所有学员能闻到水蜜桃的香，并且口腔中还能有水蜜桃的甜；培训师讲吃辣椒时，所有学员能辣到打喷嚏。这是培训师感性语言达到极限的表现，这样的水平需要进行专业训练。

身为培训师，这一关你必须过，否则你永远不会在一个课程中感动所有人，你绝对不会在一个课程中拥有大批忠诚学员。

②自信下的软气场。

在课程中时而谈笑风生，委婉绰约；时而一个理论如泰山压顶让人自愧不如；时而一个观点让人感觉耳目一新拍手称快……这是曾仕强教授的典型手法。

培训师在课程中没有大的动作，不会反复强调自己的观点，甚至连互动都很少。这样的培训师往往用200小时的课程内容储量来讲2小时的课程。

这种风格被很多人模仿,可成功的却几乎没有。因为这种风格是靠沉淀,而不是靠表演。很多人告诉我,他就是这种风格的培训师,可一交流就发现他就是个初级培训师,是想靠几本书的内容集中做一个课程,完全没有积淀,完全没有感性,完全没有同理心,对课程完全没有半点艺术加工。

一条生产线上的组长,组里有一名员工叫小谢,生产出一个不合格产品,给全组造成70元经济损失,而管理制度上这个损失必须由全组承担。组长批评小谢,小谢不服组长,而组长又没有开除人的权利,于是只有靠吼、骂来维护自己的权威。

几天后,小谢又生产出一个不合格品,正好厂长路过看到了,于是厂长柔声细语地问:"小伙子,你叫什么名字啊?"

小谢听厂长的语气,心里感觉很好,便回答厂长的话:"我叫小谢。"

厂长继续柔声细语地说:"哦,小谢啊,你工作多久了,转正没有啊?"

小谢说:"报告领导,我工作一年了,已经转正了。"

厂长继续微笑着说:"哦,我知道了,我去看看你这样的生产水平是怎么样转正的。小谢啊,你不要有心理负担,好好干啊。"

◎点评

组长没有开除人的权利,也没有厂长那种不动声色的修为和沉着稳重的心态,有的只是硬气场。如此一来,小谢永远不会真心服从于组长,组长的地位也会一天天失去。而厂长的这番话说完后,估计小谢从此就寝食难安了。厂长没有发怒,没有批评,没有骂人,他的做法与组长正好相反,但是背后掩藏着极强的杀伤力。

> **总结**
>
> 培训师的感性和气场决定了培训师的品牌、价格以及课程的质量。
>
> 感性能力不够、气场不足的培训师还说自己是优秀培训师,还说自己课程很有效,这是自欺欺人的行为。
>
> 快速将感性、气场的功课补起来,让课程更加具有感染力和说服力,让你的学生时刻保持注意力,是课程有效的保障,是提升培训师在学员心中地位的妙招,是增强培训师品牌影响力的法宝。

第2个关键词:理性

理性是指培训师将要讲的内容进行深度研究后,通过有效罗列和排序的形式,一条一款地展现出来。

理性是课程的知识核心,体现了培训师的知识水平和课程的核心价值。本书第2章"什么样的课程才美丽"中的"课程理论要获得学员尊重",讲的就是课程首先应该有理性,而且是有高度、有深度的理性。

任何课程都不能没有理性,不然学生学习什么?成功学培训领域的培训师更新得特别快,重要原因之一就是其课程中缺乏理性。

中国的户外拓展训练,10年前一个人一天参与学习的价格是1200元,现在据说花100元就能参加,而且还包括午餐和班车接送。原因之一是拓展教练的知识结构不全面,课程内容虽然有哲学性,能激发很多人的人生感悟,但是由于课程的理论学术性太低,很多军队退伍兵,培训一个星期就能直接成为拓展教练,以致一个对人生很有意义、很有帮助的课程,在中国培训市场受到不公正的待遇。如果中国的拓展教练和拓展机构能引进导演学的知识与手法,研究出新的活动模式,增加一些理论性素材,以理论指导活动、总结人生感悟,最后用理论的方法将人生感悟总结成执行方案,这样的拓展培训就会有翻天覆地的变化,一个人一天的学费提升到2000元就不只是想法了。

1. 课程理性的两个层面

课程理性有两个层面:显性理性和隐性理性。

(1) 显性理性

显性理性是课程中显而易见的课程大纲、课程小节或课程细节,是直接出现在课件上的内容,或者课程的原始理论结构。

①课程大纲。

销售员销售技巧及销售流程训练

一、销售员客源管理技巧训练

二、销售员电话预约技巧与电话销售技巧训练

三、销售员与客户见面1分钟技巧训练

四、销售员沟通技巧训练

五、销售员产品说明技巧训练

六、销售员销售中客户拒绝处理技巧训练

七、销售员销售成交技巧训练

八、销售员售后服务技巧训练

九、销售员客户跟踪技巧与客户关系维护训练

◎点评

以上是课程的大纲,也是课程中最直接的课程内容,教材中必

须出现的内容。其下还有二级显性理性内容。

②课程小节。

销售员客源管理技巧训练

1. 销售员积累客源的重要性
2. 销售员客源开发的有效方法
3. 销售员定期整理客源的方法
4. 销售员对客源分级管理技巧
5. 销售员定期增加后备客源的管理标准

◎点评

上面的也是显性理性内容，是"销售员销售技巧及销售流程训练"中第一个标题"销售员客源管理技巧训练"的小节。通常课程大纲下面的小节内容是必须出现在打印教材中的。

③课程细节。

销售员客源开发的有效方法

（1）搜集行业内知名大企业做未来大客户储备
（2）查询行业黄页、刊物资料补充客户资料
（3）通过114或者互联网填充既有名单的客户电话信息
（4）通过一切关系搜索行业客户名单及资料
（5）参加行业会议发现潜在客源

◎点评

以上也是课程中的显性理性内容，是小节下的内容延伸。

课程大纲决定了课程的格局与方向,一旦课程大纲定下来,课程的高度和方向能改变的空间就不大了。课程的小节决定了课程的宽度及课程总信息量,体现了培训师对一个课程的研究与信息量的储备。小节的数量越多,课程就越宽,信息量就越大。课程的细节决定了课程的深度和培训师对所讲课程的了解程度,课程讲到这个环节上,才绝对保证了内容的实用性。

(2)隐性理性

隐性理性是教材中没有涉及的内容。隐性理性往往是很多培训师的杀手锏,是他与别的培训师讲同样内容时体现出的级别差。一般培训师不会将隐性理性的内容印刷在教材上。

搜集行业内知名大企业做未来大客户储备

①有野心的销售员不会忘记,1个大客户的价值能顶100个小客户的价值

②行业知名企业变革填写与已知信息填充

③行业知名企业不全信息的搜集技巧训练

④对每个行业知名企业进行销售计划

◎点评

这种能直接指导人干活的内容,一般不会出现在学员的印刷教材上,甚至很多培训师都不会讲到这个深度上去。这样的隐性理性越多,学员的实战收获就越大,培训师对课程了解程度的要求就越高。

培训师在任何时候都要有能延伸隐性理性的能力,这需要长达12小时以上的训练,经过了这个阶段训练的培训师,任何时候都能出口成

章，而且逻辑性非常强。

2. 产生理性的两种途径

（1）对理性内容的延伸

对每个理性内容下延伸出更具深度的小节或者细节。这样，一个7个条目的课程大纲，每个条目各延伸6个小节，一下子就有了42个内容点，如果每个内容点讲10分钟，就能讲420分钟，扣除课间休息，就成为2天的课程。

如果再对42个小节各做6个点的延伸，课程就变成252个细节内容，如果每个内容讲3分钟，这个课程就能讲5天了。而这个课程实际上才进入到第三深度环节。一个课程真正要有深度，经常会进入到第四或者第五深度环节。第2章"什么样的课程才美丽"，就是进入到第四深度环节的实例。

（2）对感性素材的总结

培训师对一个感性事物的理性总结能力，是由其情怀、思想境界、总结能力、想象力、社会责任感和大局观等多重因素决定的。培训师讲完一个故事后，可以做一个理性的总结，或提出问题："这个故事给你哪些启示？"这样一来，隐性理性就产生了。

这样发展下去，几乎每个细微的内容点都能衍生出更多更细小的新内容，将课程的内容量从高度到深度无限放大。

> **总结**
> 显性理性决定了课程的格局、课程的宽度、课程知识的定位；隐性理性决定了课程的深度、学员的实际收获。

第3个关键词：互动

1. 互动在课程中的作用

互动是瞬间提升课程氛围的保障。很多专家、学者的课程气氛经常很沉闷，出现部分人睡觉，还有部分人聊天、玩手机、给培训师画漫画等非课程设计场面，主要是互动出现了问题。

无论什么课程，都需要有相应的、适当的互动来保证课程的氛围。

闹的课程风格的形成，主要依靠频繁的互动。但是，过于闹的课程会让很多希望课堂静一些的学员产生反感，因此，课程中对互动必须有一定的要求。

2. 互动在课程中的要求

①**无论什么课程，现场每5分钟必须有互动**。我不敢想象一个课程5分钟没有互动，这个课程将会有多少人走神，将会有多少人注意力不集中。

②**课程中每半小时，所有学员必须有一次以上大面积互动**。根据教育心理学分析，成人课程中，无论培训师的学术性、专业性多强，内容多实用，80%的学员会在开课40分钟时出现课程外思维，而将学员思维从课程外带回课程内，大面积互动是最好的手段。

> **总结**
>
> 互动是培训师在讲课中充分发挥现场所有资源，将所有学员全部动员起来，让学员在参与中、答疑中、训练中、轻松与愉快的氛围中学习和收获。互动是培训师用课程艺术的形式激发学员学习的课程方式。互动的好处绝对不是好玩那么简单。

3. 大面积互动

（1）什么是大面积互动

大面积互动是培训师在课程中带动所有人同时互动的形式。不少培训师在课程也有互动，但只是一对一的互动，这样的课程氛围依然沉闷。这也就是很多培训师百思不得其解的地方：为什么我的课程中有互动，可是还是无法带动课程氛围？

大面积互动主要有两种：

第一，与内容有关的大面积互动。包括分组研讨会、训练、小组讨论、书面考试、辩论会、无声思考等。

第二，与内容无关的大面积互动。包括唱歌跳舞、游戏活动、做健身操、喊口号、个人及小组才艺展示等。

（2）大面积互动的5个级别

一级大面积互动：30分钟以上完成，主要有研讨会、辩论会、轮流训练全体点评、小组建设等。

二级大面积互动：8分钟以上完成，主要有小组讨论、个别学员训练及全体点评、小组竞赛、小组建设、特定情境思考等超过30组技巧。

三级大面积互动：3分钟以上完成，主要有唱歌、跳舞、游戏、思考问题、集体朗读重要

> 互动在课程中的要求
> 1.无论什么课程，现场每5分钟必须有互动。
> 2.课程中每半小时，所有学员必须有一次以上大面积互动。

> 课程要追求三大原则
> 1. 课程理论性内容信息量大。
> 2. 课程感性素材、资源量大。
> 3. 课程互动时间长、频率高。

内容、学员集体记录、特定情境设计等超过60组技巧。

四级大面积互动：1分钟以上完成，主要有集体回答问题、喊口号、开场三问、学员集体记录、三组合问话、五组合问话等100组以上的技巧。

五级大面积互动：1分钟内完成，主要有：一句话互动、集体回应、喊口号、焦点内容集体回顾、集体掌声等100组以上的技巧。

（3）课程中大面积互动的使用时间标准

一级大面积互动：通常半天课程必须有一次，比较适合于课程进行到60%以后进行，因为那个时候最容易因为学员大脑疲倦造成课程沉闷，需要大面积互动预防和拯救课程沉闷。

二级大面积互动：通常每小时一次。本小时有一级大面积互动后，则不需要再使用二级大面积互动。

三级大面积互动：课程中每半小时使用一次。本半小时内，有一级、二级大面积互动时，放弃三级大面积互动。

四级大面积互动：课程中每10分钟使用一次。

五级大面积互动：课程中每5分钟使用一次。

很多培训师会质疑这么大的互动量，如何保证课程的知识性、信息量。实际上，互动从来不会影响课程的时间，相反，很多技巧就是用来节省课程时间的。

4. 课程要追求三大原则

很多培训师的课程中互动多了之后，课程的感性、理性就缺乏了；也有培训师的课程中理性多了之后，就没有感性和互动了；还有培训师的课程中感性多了之后，互动、理性就没有了。这都是不懂精练、没有接受过正规授课技巧培训的培训师存在的问题。

一般来说，课程要追求三大原则：

①课程理论性内容信息量大原则；

②课程感性素材、资源量大原则；

③课程互动时间长、频率高原则。

如果做不到三大原则，绝对不是课程原始结构有问题，而是培训师技巧使用水平有问题。很多培训师错误地认为"技巧"就是课程中"玩"的元素，实际上"玩"的技巧只在1740组技巧中占不到200组，更多的是用技巧阐述内容，帮助培训师把内容表达得更直观、更有效，帮助学员理解得更清晰、更深刻。

很多培训师有个错误的观点，就是"我的沟通技巧能讲三天"，那应该是结巴级别的培训师了。谁能最短时间内讲清楚一个内容，谁能在最短时间内完成一个技巧，谁就是高水平培训师。

如果你既能保证课程感性素材量与使用频率，又能保证理性内容的使用数量与频率，还保证互动的使用数量与频率，那你是一个绝对有实力的培训师。如果你还不具备这些能力，又想有所提升的话，那就多研究一下三大原则。

> **总结**
>
> 课程中充分发挥互动来保证课程氛围，是培训师受喜欢的重要元素，又是受企业持续邀请授课的基础。
>
> 课程互动越多，课程氛围就越好；课程氛围越好，培训师授

课就越轻松；课程氛围越好，培训师与学员关系就越近。做一个会互动的培训师，就是做一个学员喜欢的培训师，就是做一个高效的培训师，就是做一个幸福快乐的培训师。

第4个关键词：准备

有效的课前准备比培训师本身优秀更加重要。一个培训师非常优秀、专业知识很丰富，但是他的学员明显感觉到"这个内容不是专门为了讲给我们听的"，出现这种情况，通常是因为培训师原本课程理论强，但是缺乏对本班学员的了解、缺乏对本班学员的课前调研、缺乏课前向主办方了解上级领导对课程的指示与期望，只将前几期调研的信息、数据直接套用在本班上，其结果就是同岗位上的专业知识不合适同岗位的学员。

几乎所有失败课程、不能在同一课程中讲一次进步一次的课程，都有培训师课程准备不充分的因素。

看到这里，如果不急着往下看，你可以自己先动脑筋想想，培训师课前到底要准备什么？自己写完后再看后面的结果，你的收获会更大。

思考

课程前准备什么？

1. _____
2. _____
3. _____
4. _____
5. _____

培训师准备分为4个阶段——

第一阶段：接到授课通知时，即授课6天以前；

第二阶段：授课前2~3天；

第三阶段：授课前1天；

第四阶段：授课前2小时至开场。

通常我不主张经验不丰富的培训师接手紧急课程。对于一个课题授课不到5场课程的培训师而言，课程逻辑、课程知识面、课程核心提炼、学员观点分析都不太完善，基本属于边讲边提升信息量、边讲边增加课程经验的阶段，如果不用7天以上的时间准备课程，这个课程水平一定不达标。

第一阶段（授课6天前）的准备：

①了解学员需求和企业领导对课程的期望和想法；

②了解学员之前听过哪些老师的课程，最好拿到之前的教材；

③根据需求补充和完善知识点；

④提炼本期课程的知识点和关键知识理念；

⑤设计课程中的大面积互动；

⑥完善本期课程PPT；

⑦对主办单位提出道具、场地要求。

第二阶段（授课前2~3天）的准备：

①准备好授课服装；

②检查课程中每半小时快乐素材；

③检查课程中每半小时大面积互动设计；

④检查内容的知识转换与知识链接技巧；

⑤准备相应奖品、道具；

⑥设计选组方法、组长产生方法、小组积极性调动方法。

第三阶段（授课前1天）的准备：

①准备和检查所有教学用具；

②睡觉前再次阅读、熟悉课程内容；

③检查和准备课程服装；

④注意休息和身体保养；

⑤回顾每小时课程的经典内容、快乐点、大面积互动。

第四阶段（授课前2小时至开场）的准备：

①准备服装、发型，检查仪容；

②准备课程中道具、设备、奖品；

③熟悉教室内走动路线；

④准备灯光、音响、投影仪、白板、笔；

⑤准备课程饮用水；

⑥讲课前5分钟将培训师的兴奋点提升到最高状态，形成开场热情。

总结

有效的准备比培训师原本优秀更重要。

一切完美的课程都源于有效的准备。没有精心的课程准备就无法实现课程计划的效果，没有标准化的课程准备就没有课程的有序进行，没有四阶段准备的落实就没有课程的完美呈现。

第5个关键词：开心金库

前面提到一个观点：让学员快乐比让学员学习到知识更加重要。可以说，培训市场的繁荣很大程度上取决于培训中有无快乐元素。

1. 学员的快乐决定培训师职业成长

很多培训师不明白一件事情，他们疑惑：自己的学历这么高，为什么培训机构要找学历低的培训师讲课？为什么我的课程这么实战，而我的课程量和课程价格还要低于只懂"搞搞阵"的没有学历、没有实战经验的培训师？为什么我在课程中的苦口婆心、严厉管理、责任心强，成为学员不爱听我讲课、企业不邀请我的借口？

这十万个为什么，一剂药方就能解答：就是你的学生不快乐，你的课程氛围不够好。

"离婚"是一个家庭破裂的代名词，离婚的代价及风险非常大，对于很多有钱的家庭而言意味着财产分半；对于没有异性魅力的人来说，离婚可能意味着孤苦伶仃地生活一辈子；对于中国政要而言，离婚甚至意味着前途的终结。既然有那么大的代价和风险，为什么中国的离婚比例仍居高不下呢？唯一的解答就是：不快乐、不幸福。

既然不快乐、不幸福的人们愿意花那么大的代价去反抗、去逃离，更何况放弃一个不会有太大代价的、沉闷的、不快乐的课程呢？

所以，能让学员快乐的培训师，才是受市场欢迎的培训师。虽然很多人在采购课程时经常会说：我们不太重视课程的氛围，我们更加重视课程的实战和内容。说这些话的培训负责人不是不懂，就是虚伪，难道他们不知道学员对培训师评分的标准之一就是听课时的快乐和氛围吗？

2. 让学员快乐是培训师的基本功

有人会说：我的课程内容很好、很实战，很多不会选择培训师的机构和企业通常不选我讲课，看样子中国懂怎么选培训师的培训机构和企业很少。其实选这个培训师的培训机构、企业培训负责人才是真正不懂选择培训师的人。

先说说内容很好、很实战这个问题。

什么内容都能在书里找到，都能在网络上查到。你认为你的内容好，其实别人只需要几十元买一本书，回去根据他多年的经验一研究，别人的内容就和你认为很好的内容是一个级别了。

既然你认为很好、很实战的内容别人也能具备，那挑选培训师的培训机构、企业培训负责人为什么不能在内容好的基础上，增加一项要求：让学员快乐呢？

也就是说，一个手持很好内容、很实战内容的培训师，手上拿的东西不一定是"课程"，或许只是几十元一本的书籍，甚至还达不到比较好的书籍的学术、理论、实战标准。仅仅抱着好的教材推销课程的培训师，其课程也有可能只是半成品。就像你拿的是一本小说，而别的培训师拿的是根据小说拍成的电影，你猜学员是喜欢看电影，还是在家慢慢读小说？

所以，让学员快乐是培训师的基本功，而不懂让学员快乐的培训师，就是连基本功都没有学会的培训师。请问你要是知道一个给你打针的护士连续10年职业考试不及格，你会让他给你打针吗？你要是知道一个外科医生从来没有做过手术，也没有上岗证，你敢让他给你手术吗？

快乐教育是学生热爱学习的保证，体现了老师在课程中的人性化情怀。快乐教育能提升学生的学习兴趣，产生轻松学习的效果，它要求老师在快乐素材的运用和快乐活动的设计上有非常高的水平。

很多老师天天喊口号："知识为王。"说的是只要知识结构好，课程就一定有效，别的不重要。这种冷暴力授课思想充分显示了填鸭式教育思维模式和授课理念。如果站在学生的角度思考，他会认为"上课好无聊""上课好累""还是体育课好玩""还是看电影好玩"……结果往往是老师抓住一个学生就狠狠地教训一通，学生从此讨厌老师、厌倦学习。

20世纪60年代开始,美国盛行一个教育观点——"让学生快乐比让学生学到知识更重要"。国内教育人士对这个观点基本持批判态度。但是仔细想想,今天我的课程没有太多的知识给学生,可是学生在课程中和教室里感受到快乐了,他们就会喜欢课程、教室和老师。在每次学生都快乐的基础上给出有效课程内容,就容易让学生在轻松快乐的氛围下学到知识。由此,解决了厌学、逃学、师生敌视等教育问题。

3. 开心金库素材

开心金库的素材其实没有明确的要求,只要能让学员快乐,一切手法都是可以运用的。

我个人常用的开心金库素材如下:

①**首选故事、笑话**。因为讲故事不需要太大的动作,故事应景、搞笑,能引发深思就好,至于故事有没有教育意义,不太重要。

②**选有点场面的课间舞蹈**。尤其是下午的课程,第二节课用5～10分钟玩玩,搞热课程的氛围,保证学员不睡觉。

③**课间健身操**。一天课程中做1～2次课间操不伤大雅。课间操有养生的、有松筋骨的、有提神的,建议向瑜伽教练学习。

④**幽默图片**。让大家耳目一新、回味无穷的图片。

⑤**编歌、改歌、唱歌**。课程中可以给小组分派改歌词任务,在小组竞赛中合唱一段,保证课程高潮迭起。

⑥**游戏**。游戏有3种:一是智力游戏,二是感悟游戏,三是娱乐游戏。课程中使用一些游戏,能快速提升氛围。

⑦**播放视频**。课间休息时或者课程中播放一些娱乐的、教育的视频,甚至电影。2008年之前,我要是在一个企业讲3天以上课程,就会在课间休息时,播放最新大片。每天35分钟的休息时间,3天课程刚好

放完。

⑧**课间休息时播放相声、小品**。这对提升课程轻松度非常有帮助。

⑨**借用和修改古诗词、对联**。

⑩**幽默语言**。如果幽默语言能时时处处使用,气氛永远比做出来的快乐要快乐。

⑪**猜谜、竞赛、小组个人PK、发奖品**。让学员享受参与和胜利的快乐。

⑫**课程中不时地使用话剧、诗歌语言或方言讲课2分钟**。

⑬**奇闻趣事**。开阔学员的眼界。

上面的素材,我在一个企业4天课程中,全部安排进去。请你从今日开始研究自己的开心金库,做到这点,你的学员一定会是快乐的。

总结

开心金库是让学员快乐的保障,学员快乐是营造企业培训文化与培训氛围的保障。让学员快乐比让学员学习到知识更重要。

你的学员不快乐,不是你没有能力让他们快乐,而是你心中没有考虑给人快乐。

不要只凭内容强大而期望学员喜欢你,不要抱怨让学员快乐的培训师抢走你的光环。仅仅有内容却没有快乐的课程,实际上只是半成品,就像一栋刚刚封顶的大楼一样,没有经过装修就让人搬进去住,谁也不会住得开心。

请培训师不要把半成品课程带给学员,更加不要指望一个半成品课程还能被人喜欢。

第5章

培训师的风格培养

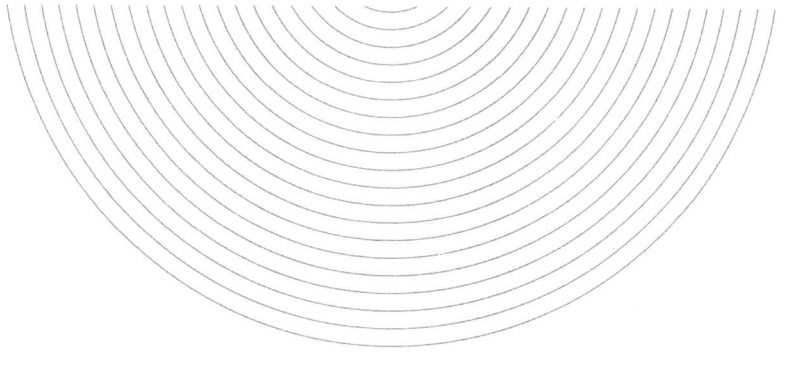

全能培训师必须掌握的4种授课风格

每种风格的培训师都有一群喜欢这种风格的学员,当这个培训师遇到喜欢他风格的学员,课程效果会非常好,而一旦遇到不喜欢这种风格的学员,这个课程和培训师就会极端失败。

当一个培训师在学员中出现了差的评价,这就是培训师能力的问题。这里说的不是培训师的专业知识,而是授课能力。

培训师的能力是两种能力的结合,一种是专业知识能力,一种是表达能力,任何只具备单一能力的培训师都是差的培训师。一个培训师缺乏表达能力,再好的内容都会大打折扣;而一个表达天才不会专业知识,也是毫无价值。所以,具有专业知识的人学习专业的讲课能力,最后用讲课的能力来表达专业的知识,课程才会完美。

培训师的授课风格有4种:

① 玄;

② 烦;

③ 闹;

④ 实。

这4种风格是一位培训师必须掌握的,如果一种风格掌握得不够,就会有一类学员不喜欢他。

1. 玄

(1) 玄的课程形式和风格

"玄"的培训师在课程中会采用非常多的理论知识和非常少的感性素材,而且几乎没有互动,完全不照顾学员感受。

这类培训师的课程信息量非常大，课程内容往往以常规内容为主，偶尔也有培训师的个人研究成果，甚至不乏有高度、有深度的内容，也不缺乏经典、新颖的观点，但是由于培训师没有感性、没有互动，其授课过程非常沉闷，容易出现大量走神、思想不集中的学员，因此课程的很多内容只对还没有走神的少数人有效。

1992年，我在海南大学从事舞蹈教育。班上有个姓黎的学生，他父亲是海南椰树集团的总经理。12月底，椰树集团打算请一位培训师给从全国各地来开会的400多位销售员讲课，我被黎同学请到黎总经理的办公室。

聊天中了解到他们从1988年就开始对员工进行培训，只是没有正规的培训方式，每次都是找几个业绩不错的销售员讲讲自己的销售经验。

由于当年公司业绩好，又厌倦了不正规的培训方式，就想从大学找老师来讲。当时海南大学还没有经管类专业，黎同学找不到合适的老师，于是就拉我去充数，而我作为一位舞蹈老师，对销售课程完全没有概念。

黎总给了我极大的信任、鼓励和帮助，还开出了800元一天的酬劳。于是，我买了5本关于销售的书籍，从每本书上挑选30～40页作为课程的内容，一共近200页纸，让椰树集团办公室印刷。

11月28日，8小时课程开始了。公司规定，不下课不准出会议室，不然罚款20元，这样保证了8小时内没有人中途离开教室。8小时，我在400多人面前读完了自己从书上抄下来的内容。

晚上黎总请吃饭，问我："小周老师，你觉得今天课程讲得怎样？"

我知道自己的课程对他们工作完全没有意义，但22岁的我还没有承认课程差的勇气，于是辩解："黎总，本来吧，我想大家从全国各地来，能坐下来学习一天不容易，就想尽可能多地给大家讲一点知识，不过好像他们不喜欢学知识。"

事到如今，我都无法忘记自己当时的失败，无法原谅自己浪费了470人一天的时间。此后，我再也不敢做一场这样的课程，不敢在课程中浪费掉学生20分钟以上的时间。

◎点评

这一天的课程就是"玄"的课程的典型代表。虽然我找的是当时最先进的销售理论书籍，教的是全国销售量最大的书籍中的内容，我也精心做了准备，还提前在家里对着墙壁讲了6遍，但最后的自我评价是对不起我的学生，对不起椰树集团400多位学员，我的课程完全没有意义。

（2）玄的好处及问题

玄在培训中也不是一无是处，它能让学员对内容有清晰的理解，能给学员大量的信息量，能让学员思路清晰，能用最简单的方法说明问题。但是玄的方法往往让课程沉闷，让学员因注意力不集中而忽视有价值的内容，让课程中缺乏互动而使培训师无法了解学员的问题和想法。

玄的方法适合讲诸如企业规章制度、企业文化、产品知识之类的课程。这些课程必须要有严肃性。

另外，在常规课程中，每小时都要有1～3段3～8分钟的玄式授课，在讲清楚一个小的内容点后，再展示培训师的学术水平、口才和语言逻辑。

第5章 培训师的风格培养

> **总结**
>
> 玄是课程的知识核心，没有知识结构的课程，很难被学生接受。
>
> 玄是课程的理论系统，没有好的理论结构和较高的、系统的理性结构的课程，永远无法达到规范标准。

2. 烦

前面讲到我在1992年经历了"玄"的授课风格阶段，那个阶段后，我明显觉得自己的课程中信息量太大，实质的东西需要提升，于是我下意识地减少课程的理性内容，但却对每个保留的内容进行深度研究和挖掘。

1993年12月，我被一家地产企业录用，成为一名销售培训师。我的任务是为198位售楼人员做销售楼盘的销售技巧培训。当时公司没有完整的培训教程可以借鉴，于是我到每个售楼现场去接待客户，同时向售楼人员了解他们想学习什么。

之后我看到一位售楼员非常受大家尊重，别人在销售中有不懂的问题都去问她，于是我开始关注她与客户交流的每个细节。后来我根据多方积累的经验，将售楼员的销售细节分为两条路径：第一条路径是从客户进门到把客户送出门；第二条路径是从客户有想买楼的计划到客户签订购买合同付款为止。每条路径又被我分为9个步骤，写成了"售楼人员18招"，对所有人员进行训练。这18个技巧，每个技巧在销售中占不到3分钟，有的甚至只有24秒，我对所有学员进行上百次的重复训练，后来大家的销售技巧得到规范和提高。

这个阶段的授课风格，被命名为"烦"。课程中知识性信息量非常少，只不停地对每个环节进行多次训练，目的是让所有人除了知道工作的方法外，还要在培训中直接达到熟练程度。

我从多年的研究和培训实践中得出一个观点：企业技术性人才不是学习出来的，而是训练出来的。这个观点几乎被所有我培训过的企业高层认可。

企业会出现劣质品的主要原因不是操作者不会操作，而是不能持续用正确的方法操作，于是对操作习惯的训练就变得非常重要。而这样的培训适合内部培训师使用，如果一个企业从社会上通过培训机构请个培训师，给大家讲店面销售技巧，培训师抓住每个人训练拿钥匙开门、关门、再开、再关，企业一天给培训机构2万元，30个学员，每人训练20次，一天就训练开门、关门了，企业是不会买单的。若这样的课程由企业内部培训师负责，企业负担的只是内部培训师的工资。

"烦"的授课风格在企业内部培训中适合讲：

①销售员销售技巧训练；

②设备维护训练；

③礼仪训练；

④岗位技能训练；

⑤培训师语言训练；

⑥店面销售人员销售话术训练；

⑦电话对话技巧训练；

⑧银行柜面人员工作流程训练。

这些操作性技能，如果不经历无数次的实战训练，即便每个人都懂干活的流程，最终也无法保证操作的绝对标准化。建议企业不要为了节省培训开支和培训时间，减少学员对岗位技能娴熟度的训练。

> **总结**
>
> 基础技术性人才是练出来的，不是学习出来的。

3. 闹

"闹"和"玄"几乎是课程风格的两个极端。很多培训师自认为有高深的内容、实战的内容、观点新颖的内容，就什么也不用怕了，就认为喜欢我课程的就是爱学习的，不喜欢我课程的就是不爱学习的。实际上，没有好的表达方式，再好的内容也无法让学员觉得你的课程很好。而又有很多秉持"闹"的风格的培训师认为：课程要那么多知识干吗，要知识买本书看不就行了吗？他们认为：只要我的课程气氛欢乐，学员就会喜欢。

毫无疑问，"闹"是学员最喜欢的授课风格，很多时候我们说，在课程中让学员感到快乐比学习到知识更加重要；当然也有人认为快乐和知识同等重要。

> 1996年，我在一家大型营销性公司任培训师，主讲销售实战类课程。买我课程的客户有几百个，但是学员给我打分一般不超过90分。当然其他培训师也是这样，都是八九十分。
>
> 只有一位培训师让我们很郁闷，他讲员工激励、员工潜能、团队建设类课程，几乎所有的课程学员全部打100分，而这位培训师的学历背景和工作经历也没有显示出他会有多强的授课能力。
>
> 有一天他在一个800平方米的多功能大厅授课，现场学员有100位男生和100位女生。我们整个部门决定用现场直播的方式全程观摩他的课程。
>
> 他把所有男生分成5排，每排20人，坐在讲台的左边，所有女生也分成5排，每排20人，坐在讲台的右边，男女相对而坐，中间隔了一条3米宽的走道。
>
> 坐好后，他问学员："过去一周有被客户拒绝的吗？"所有学员都回答："有！"

他又问:"过去一周有计划成交而没有成交的客户吗?"所有学员都回答:"有!"

他继续问:"过去一周不成交超过10次的举手。"结果所有学员都举手了。

他开始用沙哑低沉的语调说:"我们卖保险,是为了给客户带来保障,是为他们好,可是为什么客户就是不能理解我们?难道是因为了我们要赚的那一点点佣金吗?我们的业务员都那么有爱心,非常关心客户一家人的安全,为什么还会被拒绝?"

他的极感性语言将所有学员带入自己要的课程氛围中,然后他走到学员中间问某位学员:"你被拒绝后,累吗?"学员回答:"累。"他走到下一位学员旁边,弯下腰问:"你呢?"那个学员也同样回答:"累。"他又问了十几个学员,得到的回答都无一例外:"累。"

我们培训部7个培训师看到这一幕,都觉得很不可思议,有同事甚至说:"天哪!他怎么做到的?学员回答问题时都是一样的语气、一样的字句。"

接着,这位培训师又用类似的问题煽动了一下气氛,然后说:"请每个女生走到一个男生面前,拥抱他,对他说:'爸,我累了,我好辛苦。'不要不好意思,拿出你们面对客户的勇气。"所有女生都照做了,他又说:"请所有男生用对待女儿的口气给她们1分钟的鼓励,不要影响旁边的人。"

1分钟后,他又说:"请你们分开,站回之前的位置。"……"请每位男生在20秒内找到一位能给你力量的女生。"……"请女生们给失败的男孩们一个拥抱,好吗?"……"请男生们说:'妈,我累了,我好辛苦。'"……"请'妈妈'们好好安慰安慰你辛苦的儿子吧。"

学员们又一一照做了。之后,他说:"刚才拥抱过的,不要再拥抱了，接下来也不允许找拥抱过的。"

第三轮的拥抱是：姐姐鼓励弟弟。

第四轮的拥抱是：哥哥鼓励妹妹。

第五轮的拥抱是：男朋友鼓励女朋友。

第六轮的拥抱是：女朋友鼓励男朋友。

学员拥抱了几轮后，我突然发现他还没有教学员任何知识。

接着，他问："请问你们都有力量了吗？" 200位学员如上阵杀敌般大吼："有！"

然后他开始带大家喊口号，喊的都是积极向上的词。

喊完各种口号后，他关闭现场所有灯光，开始播放柔情的音乐。在3分钟的语言引导后，对所有学生说："我把麦克风放在你们中间，请大家依次上来说你们今天的学习收获，你们打算以后怎样地工作。"

学员们纷纷上来说他们的收获，有的高喊我要努力，我要成功；有的表示自己之前的工作不认真，对不起拥抱所代替的人；有的说我以后要怎样想、如何做……

所有人发言结束后，灯光打开，这位培训师只说了一句话："请你们带着你们的承诺去工作。"

最后学员填写培训师评分问卷表，结果自然是100分。

课程结束后一周，我们培训部开了一个讨论会，主题是以后的培训到底该怎样做？学员喜欢什么样的培训？学员需要什么样的培训？什么样的培训才有效？

后面的一个月我们又组织了两场公司内部培训批评会。所有会议得出的结果是：培训应该——

①要有绝对实战的内容；

②要有行业的现状分析、未来分析；

③要保证给学生减压；

④要保证帮助员工建立他在平安保险的长期规划；

⑤要保证带给员工正确、向上的人格；

⑥要提升员工的专业知识、生活知识、学术知识；

⑦要激发大家的动力等。

从那以后，我一直在思考。后来，我将多年的文学积累放到我的课堂上，带给大家高雅的课程；我把自己所学导演学的知识用到课程中，带给大家轻松、愉快、互动、节奏感强、实战的课程；我把学习的相声技巧与课程内容结合，在保证内容实战后带给学员阵阵欢笑。于是我在1996—1998年完成了玄、烦、闹的结合。

> **总结**
>
> 闹就是非常多的感性知识，非常少的理性内容。在课程中合理保证学员的全程互动，让所有学员都轻松愉快地度过。闹的课程中要绝对保证闹的知识性、正面性，切记不可将污浊之风、不堪入耳之语带入课堂。

4. 实

这里的"实"，是实用、实战、实力等多个"实"的结合，是课程中感性、理性、互动的完美结合加上课程的展示技巧及每张PPT都有"让一切课程更美丽"的三大要素的融会贯通。

这种风格其实就是多风格的结合，具备这种风格的培训师，任何时候都能把前三种风格单独发挥到极致。

现在中国的培训师要么极端地玄，想全部靠知识堆积来讲课，来打动学生，结果却是很多所讲的内容学员都或多或少有所掌握，大多玄的知识点在课程中没有意义；要么课程训练量非常大，但内容缺乏高度和价值,这样的培训师一直找不到提升和成为名师的阶梯;也有很多培训师一味互动,一味感性,却不被规范、专业的企业培训负责人欣赏。

实是课程中每半小时都有玄的内容来满足学员学习知识的期望;是每半小时都用感性带领学员进入学习氛围,集中学员注意力;是每半小时都有一定规模的互动让学员参与进来,进而达到帮助学员提高对课程的投入度;是每张PPT都有价值、有目的,能让学员有学到知识的成就感。

> **总结**
>
> 实是培训师的最高境界,实的课程有课程核心宗旨,所讲知识的可操作性比较强,课程内容及其深度能容学生本身知识为课程所用。实的课程能实现培训师和学员行为上、知识上、心理上的真正互动。

培训师一辈子研究的3件事

培训师一辈子就研究3件事:第一,感性;第二,理性;第三,互动。感性是课程中抓住学员注意力的唯一工具;理性是课程中学员学习到知识的保障;互动是课程中调动学员积极性,营造课程氛围的保障。

若失去了感性、理性、互动中的任何一项,或者任何一项较弱,培训的效果就会受影响。

一个培训师过于推崇感性的时候,喜欢理性和互动的学员会不喜欢他;一个培训师过于推崇理性的时候,喜欢感性和互动的学员会不喜欢他;一个培训师过于推崇互动的时候,喜欢理性和感性的学员会不喜欢他。

1. 感性、理性、互动极端风格课堂效果示例

（1）极端理性

开课不到半小时，有学员到教室门外打电话；有学员开始打瞌睡；有学员坐姿不正，悄悄聊天；只有极少部分学员聚精会神地听讲。

（2）极端感性

开课不到半小时，所有学员大哭两场，一小时后所有学员都去对老板下跪，个个都忏悔说："老板，给您工作几年了，今天我发现我错了，我没有尽力工作，我以后一定用行为补偿。"所有人都哭着给父母打电话："爸爸、妈妈，我没有尽孝，没有照顾好您。"课程结束时，所有人都热血沸腾，所有人都像清晨的雄狮一样有使不完的劲。课程结束后，独自行走在大街上，才发现自己什么也没学到。

（3）极端互动

一个6小时的课程，培训师开场做了15分钟欢迎词，之后开研讨会。100人分为10个小组，每组10人，集体讨论时间40分钟，每组各自发言8分钟，每组点评3分钟，课间休息15分钟。第一场研讨会用时：正好半天。

下午研讨会，开场20分钟是培训师对研讨会的宣导，然后小组各自讨论40分钟，接下来每组发言8分钟，由于不控制时间，8分钟还不够，基本上都是12分钟发言完，各组点评时间3分钟，下午课休2次，每次10分钟。到晚上课程结束时，总用时4小时，还拖堂1小时。

一天的课程，所有的讨论加起来出现了上千个观点，但都是一带而过，没有深度挖掘。信息量虽大，学员却收获甚微。

2. 感性、理性、互动在课程中的占比

首先，课程中每半小时必须有感性、理性及互动。不敢想象一个课程半小时没有感性，学员会走神到什么程度；不敢想象一个课程半小时没有理性，半小时内学员都没有学到新的知识，这是何等的不负责任；更加不敢想象一个课程半小时没有大面积互动，这个课程的氛围会沉闷成什么样！

其次，每半小时课程中的感性、理性、互动，同一风格不能超过课程时间的50%，也不能低于课程时间的20%。（注：研讨会、训练、考试例外。）

为什么课程中同一风格不能超过课程时间的50%？

因为如果同一风格超过50%的时间，这个课程就会出现风格倾向，喜欢这种风格的人会非常喜欢课程，不喜欢这种风格的人会厌弃课程。

为什么课程中同一风格不能低于课程时间的20%？

因为同一风格低于20%的时间，课程中喜欢这种风格的人感受不到他喜欢的风格，这个学员或者这群学员就等于被培训师的风格屏蔽在课程以外，就会不喜欢培训师和课程。

偶像派培训师和实力派培训师是怎样炼成的

1. 偶像派培训师

很多时候有人会说："我简直太崇拜你了！"这是因为在他的研究领域中，你的实力大大超越了他；在他喜欢的氛围中，你大大地满足了他的需求，于是，偶像派培训师就炼成了。

任何偶像派培训师都有一个明显缺陷，就是不喜欢其风格的学员不会喜欢其课程。

2002年，我和其他3位培训师到郑州给5家企业做连续10天5晚的课程，每家企业2天1晚，一共5期课程，每期课程中每个培训师讲课半天，学员基本上都是店面基层员工，岁数不大、学历不高。

其中一位男培训师感性十足、表情忧郁、眼神沧桑，不讲课时总是不说话，他的课程在4位培训师中学员评分第三，但是在吃饭时很多女孩会向他敬酒；主导课程的我表现出了培训师的自信与综合实力，学员评分自然最高，但是课下几乎没有学员与我交流。

10天的课程结束，我们在宾馆大堂办理退房手续，其间一个不到20岁的女孩拿着一个画卷，跑到那个感性的培训师前面，把画卷塞到他手中，然后羞涩地跑开了。

打开画卷一看，应该是临时画的。画的是古代大户人家的红色大门，大门紧锁，锁上还挂着一把钥匙，大门两边各有一个大灯笼，一个灯笼上写着个"邓"字，应该是那个女孩的姓，另一个灯笼上写着培训师的姓，画的右上角有一行小字："我的心门为你而锁，钥匙给你，随时等你来打开。"

后来我们把这个培训师称为"少女杀手"。他在任何时候都有人非常喜欢他，但是在大的课程场面，很多老师同台讲课时，他总是得不到光环。

2. 实力派培训师

实力派培训师，感性如传销但是能引人深思，理性稍逊学者但是不乏实战的内容，互动不及拓展教练但是能保证课程不冷场，没有一句话让人爱得死去活来，却又句句在理。

这种培训师的职业生命力强、职业生涯持久，不会有人因为风格偏爱他，也不会有人说他课程讲得差。

实力派培训师之所以被称为"实力派"，是其操作实力强和授课能力强的综合结果。如果一个培训师只有专业能力而没有授课能力,那他会被说成"工作中的师傅";反之,如果这个培训师只有授课艺术和能力而不具备实操能力,无疑他会被说成"吹牛高手"。

授课能力强的培训师,能用感性将学员的思维引入课程内容,当学员把思维集中到课程中后,再用理性的方法让学员明白和理解课程内容。但是仅仅这样还无法确保学员掌握,于是在讲清楚内容后,还要用互动的形式强化学员的操作能力,让其既听懂了知识,又学会了如何运用。这样的授课形式才称得上实力派培训师能力与风格的体现。

总结一下实力派培训师的授课风格:感性引入,理性执行,互动强化。

开心金库素材

1. 首选故事、笑话。
2. 选有点场面的课间舞蹈。
3. 课间健身操。
4. 幽默图片。
5. 编歌、改歌、唱歌。
6. 游戏。
7. 播放视频。
8. 课间休息时播放相声、小品。
9. 借用和修改古诗词、对联。
10. 幽默语言。
11. 猜谜、竞赛、小组个人PK、发奖品。
12. 课程中不时地使用话剧、诗歌语言或方言讲课2分钟。
13. 奇闻趣事。

总结

玄、烦、闹、实是一位专业培训师必须掌握的讲课风格,不求4种风格同样出彩,但必须有一种风格突出和占优,其他风格能达到给资深员工授课的水平。

感性、理性、互动是培训师一生要研究的3件事。在课程中,这三者必须合理分配,不能顾此失彼。

一位培训师不能只喜欢一种风格,而对自己不喜欢的类型加以排斥；一个企业的培训师团队更不能只由一种风格的培训师组成，应该将不同风格、类型的培训师组织在一起，相互补充，相互进步。

第6章
消除课堂紧张心态

培训师紧张心态分析与应对

展示前紧张是正常心理和生理表现。在授课前,一般培训师都会有不同程度的紧张感,但是造成紧张的原因却是不同的。

1. 不同阶段培训师紧张的原因

(1) 刚出道的培训师紧张

刚出道的培训师,紧张理由是场面生疏、对学员不熟悉、怕课程中出错、怕学员不喜欢自己、怕培训机构挑刺、怕遇到难缠的学员等。

1994年,我在深圳给一家印刷企业做培训,训练27位销售员的语言表达能力。那时我还年轻,经验不足,所以做培训时非常重视课前调研。通过对每个学员进行问卷调查,我得出如下信息——

大学学历人数:0。

学员年龄:全部30岁以上,最大的56岁。

工作经验:销售工作全部5年以上。

销售业绩:每人的业绩都在1000万元/年以上,最高的4000万元/年。

对销售的理念:做销售,图赚钱,拼命跑,多赚钱。(这是企业营销部的文化和口号。)

工作中的问题:大家都认为销售中没有问题,主要问题在于生产供货慢、产品价格高。(我感觉很奇怪,这个企业的销售部门看起来没有问题,销售能力大于生产能力,而且在产品价格高的基础上,生产还忙不过来。这样的销售团队该是多么强大啊。)

对培训的需求：如何让公司快点交货，让所有的订单快点拿到钱或奖金。（销售人员的需求与公司培训计划的出发点完全背离，与我要讲的课程完全背离，与我期望看到的"大家对培训的渴望"完全背离。）

看到这个调研结果，我几乎崩溃了，这么低的学历、这么高的业绩、这么大的岁数、这样与课程初衷完全无关的需求。我对学员可能的反应做了如下分析：

供货慢。学员可能会把对供货速度慢的不满发泄到我的课堂上。

文化程度低。我讲的理论他们可能听不懂。

岁数大。大家没有学习和改变的期望。

业绩好。大家会骄傲，不会认真学习，甚至瞧不起老师。

分析完学习需求调研之后，我第一件要做的事就是联系培训机构，告诉培训机构这个课程我不能讲，能不能拿到课酬不重要，能不能活着回去很重要。

结果培训机构给我很大的压力，因为那个机构一年请我讲二十多天课程，要是这个课程不讲，我们的合作关系可能就破裂了。培训机构的老板看了调研结果，也很为难，但还是对我提出要求：课要讲，要讲好。

接下来半个月的课程准备中，我每天晚上都做噩梦，喝水不甜，吃饭不香，备课时思维不缜密也不连贯。

最后，经过多番了解企业情况，反复锤炼课程内容，我的课程"销售员产品介绍与人际关系口才训练"取得了成功。

初出道培训师的紧张，主要源于对内容准备不足、内容深度不够、内容高度不够、无法驾驭大场面、害怕难缠学生等的担忧，这些紧张来源有的是实实在在存在的，有的是培训师自己幻想出来的。

(2)资深培训师紧张

资深培训师的紧张多是源于担心学员在课程中没有进步，砸了自己的牌子；担心学员没有掌握学习的内容与方法；担心学员学习后不会照办；担心学员学习后有错误理解和错误操作，等等。

迈克尔·杰克逊成名后，参加一个慈善捐款演唱会。上场前20分钟，一名记者在后台看到他在发抖，以为他生病了，就上前了解情况和问候。杰克逊颤抖着说："对不起，记者先生，我是习惯性的演出前紧张，请不要打扰我，我需要平复心情和情绪。"

杰克逊的演出很成功，演唱会结束后，记者再次找到杰克逊，想搞清楚他到底是真的紧张，还是生病了。

杰克逊告诉记者："我是明星了，大家对明星会有更高的期待。这是慈善捐款演唱会，我表现得好就能让大家捐更多的钱，就能帮助到更多需要帮助的人，于是我的压力永远大于任何一场演唱会。"

杰克逊还告诉记者，年轻演员不怕失败，失败了可以重新来，社会对年轻演员不会有太高的期望；但是明星的失败会伤害到很多人，会让很多人失望、难过，为了大家的期待，自己永远不能失败。

资深培训师不是紧张在知识上，不是紧张在场面上，不是紧张在能力上，而是紧张于学员的收获，紧张于他要传播的知识学员能否学习到。这样的紧张是资深培训师责任心和职业道德的体现。

(3)学者型培训师紧张

学者型培训师紧张的原因又不同了，学者在社会上授课只有成功和失败两种结果，没有"比较好"或者"比较差"这样的评价。学者授课的效果好坏在于他的理念和观点是否能被学员接受和认可,如果被人接受和认可,课程的效果就好,学员喜欢程度就会非常高;而如果不被接受和认可,其课程就是彻底失败的。

因此,学者的课程紧张不是担心能力不足、技巧不够,而是担心观点、理论与学员的需求是否相符,是否能被学员认可和接受。

2. 培训师紧张情绪的根源及解决方法

造成培训师紧张的原因很多,如果没有很好的处理技巧,就会由课程紧张演变成课程失败。很多培训师由于开场紧张,就会自顾自地讲课,声音缺乏自信与浑厚,现场缺乏互动与激情,课程逐步走向沉闷。也许一小时后培训师的紧张情绪缓解了,但是现场的氛围已经沉闷,学员的注意力已经分散,培训组织者和培训机构对培训师的评价已经形成,短时间内无法扭转。紧张也就成为课程失败、培训师得差评的重要因素。所以分析培训师紧张来源并有效缓解培训师紧张情绪就非常重要了。

具体来说,培训师紧张情绪的来源大致有以下14个方面。

(1)课程信息量不足

用提升3~10倍课程信息量的方法,来缓解课程信息量准备不足造成的紧张。

①将要讲的内容精细化,或者以序列的理性形式对内容步骤化。这样能瞬间提炼无数个课程新内容信息点。

> 餐厅服务员给客户上菜,将菜从托盘端到餐桌上,可以细分成几步:
> 1.选对服务员站的方位;
> 2.将餐桌转盘空闲位置固定在面前,方便上菜;
> 3.请坐在上菜位置上的客人小心或者移位,预防烫伤或菜汤溅

在客人衣服上；

4. 双手握盘，以免菜汤荡起，溅在盘子边缘及服务员手指上；

5. 动作不快不慢、稳稳地将盘子放在餐桌上；

6. 站立起身，右手礼貌示意请大家享用。

◎点评

上面一个简单的例子，就提炼出6个可以深度讲解及讨论、训练的内容点。

②对每个延伸的内容点进行讲解，辅以案例、图像展示。这样每个新增加的内容点最少能占5分钟，最多能形成1小时课程内容，而且课程极具深度和实战性。

③对于可以操作演练、放大的重要内容，进行训练、讨论、竞赛等互动。

解决内容不足的问题，能实实在在提升课程实战性、理论性，从而提升课程质量。

（2）学员级别太高，培训师背景级别低

很多时候，培训师在企业的职位低于学员的职位，由此产生的不自信导致培训师紧张。

培训师遇到这样的情况，首先应该建立信心，想想你是否真的不够能力给比你级别高的人讲课，想想你的课程内容对他有没有实际帮助。如果你的课程对他有实际帮助，那你还担心什么？只要学员能学到知识，他才不管培训师是什么背景。但是如果你的课程对他没有帮助，那就是你的问题了，你必须主动解决这一问题。帮助学员进步，让学员学习到知识是培训师必须做到的。

（3）培训师理论、观点与学员理论、观点相反

作为培训师，在课程中要是没有自己的观点，恐怕很难在短期内有大成就，因此，培训师在每个课程中开发自己的观点至关重要。可一旦有了自己的观点，就有可能与某些学员的观点不一致，可能会引起学员不满，甚至公开叫板。

我的建议是：培训师要有自己的观点和理念，不然永远没有高度、没有自信、没有学员忠诚度，无法真正有效提升自身水平和课程质量。如果在课程中遇到学员有不同观点，可以先认同对方的观点，同时表明：观点本身是没有错误的，有的只是观点的不同和理解的不同。

（4）学员对课程期望值太高

学员对课程期望值高是必须的，谁不想花钱买个比较好的东西啊！当然，遇到想花三毛钱上月球的客户，就不要伺候了。但是学员合理的学习期望总是难免的，培训师要学会理解和接受。

培训师应该根据课前调研，了解学员的情况和需求，以此为依据，有针对性地充分准备课程内容。只要能帮助学员进步，达到或者部分达到学员的期望值，你就不会因为学员期望值高而紧张了。

（5）开课前，多人要求课程高质量

很多时候在课程前会有人跑来说："哎呀，这个客户很重要啊！""课程中要多些互动啊，要多讲案例啊。""他们经常培训，很重视培训的，领导要来参加学习的呀。""不要讲太多故事啊，不要讲其他行业的案例啊。"……

被人要求多了，自己的思维模式和授课系统被打破，于是开始紧张。

遇到这种情况，要听取积极有效的建议，不要被无效建议所影响；要保证将注意力放在课程上，不要将注意力放在情感上。

（6）开场一个观点不对，被企业、机构批评

很多时候，课程开场时企业领导、培训机构负责人都在现场，企业领导随便一评论，培训机构马上就做出对企业负责的反应，递个纸条给培训师。有时候不是培训师讲得差，企业领导就是随口说上一句，当然也有时候确实是培训师发挥得不好。不管什么原因，当纸条递到讲台，所有学员就会开始猜测发生了什么事情，培训师的威信就下降了，接下来要过很长时间才能恢复状态，找回讲课的感觉，甚至有的培训师大脑一下子就"便秘"了，想问题也不灵活了，语言也不流畅了。

遇到这样的事情，培训师只需大致扫一眼纸条内容，然后自信、自然地与传递纸条的人打个"OK"手势，不变动、不影响10分钟内的课程计划，继续授课。

如果对方的评价是错误的，是提问超前的，不用管他，下课后再解释；如果对方提出培训师就是不好，那就很自然地先讲完正在讲的内容，然后做适当调整，不要留有重大修改痕迹；如果对方是要增加某个知识点、观点，就回应个知道了的手势，下课后再想办法补充到后面的内容中。

（7）开场破冰技巧准备不足

"万事开头难"这句话很适合用来形容不少培训师的授课。很多培训师是慢热型的，这样不好，应该要以随时进入角色的状态讲课。

学员是有主观看法的，你开场不好，学员就会认定今天一天就是这样了。所以，开场破冰水平关乎全局，至关重要。

应对这一情况的方法，将在第7章"课程开场主观看法建立"中详细讲解。

（8）课程前生理性怯场

生理性怯场是很正常的现象，就像职场打拼者，一到周五晚上，一下子就轻松下来了，可是到了周日晚上，工作压力就又上来了。这是职

业习惯，也说明培训师提前进入状态了，是好事。

但是生理性怯场如果不得以有效解决，也会变成紧张，并随着课程的推进影响授课质量，所以课程开场20分钟必须解决它。

最有效的方法是：在大脑中构思我的哪些内容最好，哪些内容会帮助学员进步，哪些内容是我独有的……有了这些课前预演，课前生理性怯场自消。

（9）在课程中讲假话被揭穿

培训师讲假话是大忌。很多培训师不知道"世界很小"的道理，讲了很多假话，拿别人做的事情说成自己的，拿别人的研究说成自己的，把小的事情说大，等等。

世界很小，也很公平。只要是谎言，就有被捅破的一天。

在这里我要告诫培训师，不要为了一时嘴快，为自己埋下隐患。

（10）课程现场遇到紧急状况

一次我去浙江讲课，培训机构的工作人员怕课程取消，不敢向企业要求场地和设备。课程开始前20分钟，我到会场才发现没有印教材、没有投影仪、没有桌子，两百多人，每人一把椅子，坐在两百多平方米的教室里。

于是我紧急约见企业培训负责人，告诉他教材、场地、投影仪、桌子是课程质量的保障。结果这些问题不到一小时就解决了，课程顺利开始。

课程中遇到紧急问题很正常，如：停电、培训师生病、学生晕倒、楼上装修、教学设备故障等，遇到这些情况，首先不要往坏的地方想，要让自己静下心来，专心授课，保持课程的延续性；其次要积极协商解决方法，争取改善，不要以授课质量相要挟，抵制授课。

作为合格的培训师，一定不能被紧急情况打倒，要学会并适应在艰苦的环境中授课。

汶川地震后，我编写了一套"灾后创业"课程，在灾区组织灾民学习。当时义务讲课的目的不是传播知识，而是让他们勇敢地站起来，不要沉浸在家园被毁、失去工作、失去亲人的消极情绪中。课程也很简单，就是组织大家坐在一起，喊喊积极口号，说些简单道理。3个月的课程，没有电教设备，就用2.5米长宽的喷绘幕布代替投影仪，每讲一张PPT，就有人用绳子拉一张翻过去；每到一个地方讲课，都要先用树枝架起一个能把喷绘挂起来的架子。在汶川的授课经历帮助我修炼了气场和包容心，提升了我的应变能力和淡定指数。

（11）课堂出现气氛沉闷、学员打瞌睡等情况

能把学员弄得打瞌睡，把课堂气氛搞得很沉闷，这样的培训师就是不合格的培训师。

培训师可以用频繁的互动和大面积互动来提升学员的注意力，帮助学员保持在课堂上的积极性。

我会在第9章"课堂互动技巧"中，专门教大家让课堂气氛不沉闷、让学员不打瞌睡的方法。

（12）合作授课时，前后培训师的比较

一个企业的一次培训往往有很多天，他们会请几个培训师来轮流讲课，一些培训师很谦虚地分析出别人的优点后，开始害怕学员会认为自己不如别的培训师，于是就开始紧张。

虽然奔驰车很好，但是拉货的司机不会因为奔驰车好，就改买奔驰做拉货的生意；同样，富翁也不会因为比亚迪的车便宜，就不买奔驰车。

培训师也是一样，每个人有自己的特点。调查了别的培训师的优点后，先认可他们的优点，紧接着陈述自己的特点及优点，并且在课程中不断发挥这些特点和优点，让学员认可你的实力，紧张自然消失。

（13）信息量大，课程时间少

培训师对任何课程都应该有能讲两天的内容量，而对这两天的内容，必须会灵活调整。当有人提出只有一天时间，希望讲完所有内容时，能一下子调整成为一天的课程；当有人说希望就讲一小时，培训师也能做出一小时课程的授课方案。做到这一点，培训师才能算是对他讲的课程掌握得炉火纯青、拿捏有度。

信息量大而课程时间少造成的紧张，一定源自培训师对自己的课程不够了解。当时间不够时，我们有三种选择：

第一，讲表面内容，放弃课程的深度，让所有人知道是怎么回事就好；

第二，放弃90%内容，挑选10%的内容进行深度讲解；

第三，部分内容深度讲解，部分内容简单带过。

（14）学员对课程打分决定课酬

现在以学员评分支付课酬的课程越来越少了，其实我认为这样做才会逼培训师进步。

遇到这样的现象，培训师不要考虑得分的问题，认真讲好自己的课程，比什么都重要。

一个培训师要有一种情怀：讲不好不收钱。有了这种情怀的培训师，才会主动努力提升自己，才会在未来更好地讲课。

> **总结**
>
> 造成培训师紧张的原因有：
> 1. 课程信息量不足；

2. 学员级别太高，培训师背景级别低；

3. 培训师理论、观点与学员理论、观点相反；

4. 学员对课程期望值太高；

5. 开课前，多人要求课程高质量；

6. 开场一个观点不对，被企业、机构批评；

7. 开场破冰技巧准备不足；

8. 课程前生理性怯场；

9. 在课程中讲假话被揭穿；

10. 课程现场遇到紧急状况；

11. 课堂出现气氛沉闷、学员打瞌睡等情况；

12. 合作授课时，前后培训师的比较；

13. 信息量大，课程时间少；

14. 学员对课程打分决定课酬。

驱除紧张感的6个妙招

1. 讲故事

不会讲故事的培训师，无法获得大部分学员喜欢，无法长久抓住学员注意力，课堂气氛永远是沉闷的。

（1）课程中讲故事的3个时间点

①课程开始时讲故事。

目的是课程开场破冰，瞬间抓住学员注意力，缓解培训师课程开场的紧张。

②课程过程中讲故事。

缓解课堂气氛沉闷，避免由此造成培训师紧张感加剧；提升课程艺术性，让学员的主观感受良好。

③课程结束时讲故事。

一是用一个感性的故事将课程最后一次推入高潮；二是可以应对课程内容讲完了，下课时间还没到的情况，用讲故事填充课程时间。

（2）故事的类型

①与课程内容有关的故事（应景故事）。

课程中，与课程内容有关的故事越多越好。曾仕强教授课程的出彩之处就在于，他能用很多新颖的故事说明他的课程内容。龙永图的讲座、大会发言也是故事连篇。《潜规则》一书的作者吴思先生，在书中几乎每个内容点都会用一个故事来说明他的观点。

在一次课程中，曾仕强教授讲了一个礼仪称谓标准。他讲到对自己的直线领导只称谓职务不加姓名，而对不是自己领导的上级要加姓和职位。讲到这里，很多人大为不解，但是他接下来的一个两分钟故事，却让所有人自叹曾经有无数次的称谓错误，也让所有人有了再也不会犯称谓错误的学习收获。这就是故事的价值。

故事如下：

一群四五十岁的中年男士同桌吃饭，分别是张先生、马先生、李先生、王先生、周先生、朱先生、杨先生，还有鲁先生。这八位先生既是发小好友，又是多年工作同事，尤其他们的孩子对他们都以"爸爸"称呼，足见他们之间的关系非同一般。饭局上，张先生的儿子进来找张先生有事，看到这么多位长辈，非常礼貌有教养的小张先生对所有长辈逐一打招呼，他先叫了一声"爸爸"，并鞠了一躬；然后分别叫道"马爸爸好""李爸爸好""王爸爸好"……长辈们逐一点头，对小张很是欣赏。

曾教授说，若小张一开口对自己爸爸也叫"张爸爸好"，那结果一定是其他兄弟贻笑大方，而张爸爸如果脾气不好，估计现场就是对小张一顿狠揍，就算是好脾气，回家之后的小张估计也只有"烂果子"可吃。

曾教授继续说，他之所以用"爸爸"这个称呼来教育年轻人，是这样的称呼更形象、更直接，在用到职场上也是一样：三个经理在一起，其中张经理的手下跑来找张经理有事，说道："张经理好，马经理好，王经理好，事情办完了。"此下属没有给张经理独特的称谓，张经理在其他经理面前丢了面子，那该下属在张经理心中的不好印象也就从此加强了。

◎点评

曾仕强教授，七十多岁的高龄，有丰富的人生阅历和细微的人生观察，但却仍用感性方式授课，用一个简短的故事让现场数千学员掌握了正确的称谓方式，起到画龙点睛的教育效果。

②**娱乐性故事**。

在课程开始和每节课进行到30分钟时，可能出现沉闷局面，这时候一个故事能将很多人从沉闷中唤醒。

这样的故事与课程前后内容无关，会让学员觉得有些突兀，但沉闷的课程气氛得到了破解。

③**感悟性、教育性、励志性故事**。

这些课程中级别非常高的故事，能提升学员的心智。培训师应该多积累这样的故事。

陈安之老师在这方面是绝对的专家，他在课程中故事非常多，而且几乎不会有一个故事与课程内容无关的，还都是感悟性、励志性非常强的故事。

坚持就能成功,放弃就会失败的经典故事

只差1英里,横渡英吉利海峡失败,再坚持10分钟,便可获得成功。

1952年7月4日清晨,加利福尼亚海岸笼罩在浓雾中。在海岸以西21英里的卡塔林纳岛上,一名34岁的女子涉入太平洋,向加州海岸游过去。这名妇女叫费罗伦丝·查德威克。在此之前,她是从英法两边海岸游过英吉利海峡的第一位女性。

那天早晨,海水冻得她身体发麻,雾很大,她连护送她的船都几乎看不到。时间一个小时一个小时过去,千千万万人在电视上看着。在以往这类渡海游泳中,她的最大问题不是疲劳,而是刺骨的水温。

15个钟头之后,她又累又冷。她知道自己不能再游了,就叫人拉她上船。她的母亲和教练都在船上,他们都告诉她海岸很近了,叫她不要放弃。但她朝加州海岸望去,除了浓雾什么也看不到。

之后——从她出发算起15个小时55分钟之后,人们把她拉上船。她渐渐觉得暖和多了,这时她却开始感到失败的打击。她不假思索地对记者说:"说实在的,我不是为自己找借口,如果当时我看见陆地,也许我能坚持下来。"

◎点评

这样的故事在授课中有很强的教育价值,但是,很多培训师不理解故事在课程中的价值,或者故事素材少,因此在课程中很少使用故事授课,以致无法提升课程的教育质量。

(3)讲故事者的4个级别

①初级培训师:讲故事很随意,听到的故事都可以讲,是否应景都

无所谓。

②中级培训师：懂得找与课程内容相关的故事和应景的故事。

③文学性强的培训师：懂得自己写故事，几乎所有的故事都是根据课程内容专门编写的。

④最高境界的培训师：任何时候都能根据课程内容、现场情况，在毫无准备的情况下组织故事，并且保证故事有教育意义。

一个不会讲故事的培训师绝对不是好培训师，绝对不会被多数学员喜欢，绝对无法时刻抓住学员注意力。

2. 喊口号，带动课程氛围，驱除紧张感

喊口号是将课程带入高潮最快、最好的形式，也是培训师在课程开始时缓解紧张的有效技巧之一。

（1）口号在课程中的好处

很多运动员比赛前会大吼一声，很多培训师开讲前会在后台重重地吐口气，"哈"上一声，这都是为了提升士气、缓解紧张。

> 记得我小时候，每天上下学都会路过一个"坟场"，尤其是晚上，夜幕下，几盏微弱的烛光隐隐约约，被当成传说中的"鬼火"，微微的风声就好像有人在哭泣。我每次从那里经过，都觉得毛骨悚然。
>
> 后来，大人们教我们吹口哨壮胆，对缓解紧张和恐惧有非常好的效果。

（2）课程中使用口号的方法

根据课程的内容，使用"标题党"的手法，迅速构思一段3～10句话、每句话4~10个字的口号，带领学员一起喊。只要有40人以上能大声喊口号，就算200人睡着了，也能把他们全部吵醒。

这里要特别推荐大家学习"标题党"手法，掌握了该技巧的培训师，任何时候都有具备高度、深度的内容理论；任何时候都能从一个不重要的内容中找到经典；任何课程中几乎每10分钟都能产生口号素材。

> **故事的类型**
> 1. 与课程内容有关的故事（应景故事）。
> 2. 娱乐性故事。
> 3. 感悟性、教育性、励志性故事。

（3）培训师带领大家喊口号的要求

①一段口号要3句以上，才有连续轰炸沉闷、驱除培训师紧张感的能量。

②每句话不超过10个字，不低于4个字。超过10个字的口号，学员可能记不住或一口气喊不完；低于4个字的口号缺乏语言冲击力。

③喊口号时，一定要让大家站起来，语气态度要坚决。

④文字要精练，不要过于口语化，过多的随意语言只会降低课程的文学性和理论逻辑。

⑤必要时可以将口号文字输入PPT中。

2000年，我为深圳移动工作3年以上的营业厅经理做培训。

课程前一周，我参考了他们的一个专业培训，发现课堂很沉闷，我害怕这样的场面会出现在我的课堂上，思来想去，决定将每个内容提炼出一句或者多句总结语言,每个课程内容结束后,大家一起喊口号。

口号如下:

我是中国移动合格员工;

我是中国移动合格营业厅经理;

我要将中国移动形象、礼仪标准传播给社会大众。

这组口号是在课程进行到35分钟左右喊的,课程第一次达到全场高潮。课程进行到1小时,内容是"自我管理的范围",有3个重点:管好自己的形象,管好自己的行为,管好自己的心态。

于是我抛出第二套口号——

第一句:我要管好自己的形象,做一个客户喜欢的人;

第二句:我要管好自己的行为,做一个同事喜欢、领导喜欢的人;

第三句:我要管好自己的心态,做一个自己喜欢的人。

口号喊完后,我又对口号进行了几分钟的讲解。课程到这个时候,既达到理论高度,又达到课程高潮。

(4)使用口号的禁忌

①课程中只有口号,没有实战内容;

②口号具有对人的不尊重内容;

③口号素材不错,但是缺乏文学性,不朗朗上口;

④培训师喊口号前没有提醒学员,学员没有反应过来,造成喊口号时课堂也很沉闷。

(5)课程口号的标准

①文字精练,朗朗上口;

②字数恰当,容易记忆;

③语音高昂，气魄撼然；

④文学素养，有气有益；

⑤句数拿捏，有频有制。

总结

喊口号是培训师课程中瞬间活跃气氛、鼓舞学员士气、缓解培训师紧张最快、最好的手段。

3. 加大肢体动作

肢体语言是培训师的第一技巧，也是最重要的技巧。

不懂、不会、不用肢体语言讲课的培训师就是"傻讲"，会运用肢体语言的培训师才能贴近学员。培训师走得离学员多近，学员的心就离培训师多近；培训师站得离学员多远，学员的心就离培训师多远。心远了，培训师就情感孤立了，培训师紧张感和课程沉闷氛围就加强了。

肢体语言不仅能缓解生理紧张，而且能提升课程内容的能量，提升学员对课程内容的接受程度。

课程中可以利用肢体语言提升培训师的表达能力。培训师在讲课时若能将肢体语言与口语和文字相结合，就更能引起学员共鸣。如果培训师能让学员从内心感受到课程内容，这样的课程效果是培训的最高境界。

当然，有的培训师几乎一辈子也找不到这样的感觉，这是需要高水平导师手把手训练的。而一旦培训师具备了这种能力，其课程内容任何时候都更加容易被学员接受。

这就是学员听不同培训师讲同样的课程，会有不同感触和收获的原因。

一位母亲下班回家，两岁的儿子在家里看动画片，母亲走过去张开双臂、弯腰对孩子说："儿子，来让妈妈抱抱。"儿子就会瞬间扑向母亲的怀抱。

一个不是孩子母亲的女人不做任何动作地说："小朋友，来让阿姨抱抱。"孩子最多看看这个女人，绝对不会扑过来拥抱。

而另外一个女人同样弯腰、张开双臂说："小宝宝，来让阿姨抱抱。"孩子会迟疑几秒。如果那个女人再加个微笑，双手再做几下让孩子走近一点的手势，孩子也会扑过来拥抱。

点头微笑是课程中基本的肢体语言。肢体语言很复杂，无法从文字资料中找到快速学习方法。在我看来，要学习肢体语言，只有三种方法：

第一，**说话时刻意增加手部动作**。当然，这样的肢体语言训练缺乏理论支持，无法形成标准，即便是自己在三个地方说同一句话，肢体动作也会不同。

第二，**看肢体语言训练的视频，根据视频录像的要求加以练习**。这样的方法会有些作用，但是有些死板，不能随机应变，缺乏灵活性和生动性。

第三，**到肢体语言训练课堂上学习和练习**。这样的训练为每句话搭配最应景的肢体语言，既有理论支持，又有随机性和灵活性。

一位讲情感课程的培训师，他在一段讲授中双手抱臂，稍息分腿站立，进行授课的技术与效果分析，原文如下：

"亲爱的学员：大家好！现在是炎热的夏天，工作中体能消耗比平时要大，工作环境也比平时辛苦，我们的领导看到了这一点，他觉得对不住大家，于是，给大家装了空调，对外出工作的人员也提供了瓶装矿泉水，面对这样的领导，难道我们不应该认真地、更好地去工作吗？"

◎点评

一旦培训师授课时稍息分腿，学员的第一感觉就是培训师没有用心；而行为学对双手抱臂的评价分析是，有意拉开与别人的距离，故意冷落别人和敌视情节的表现。可以想见培训师讲这段话时，学员心中的感受是什么，我想很多听到这段话的人会说：给我们装空调是应该的，不装空调是不对的；给出去办事的人准备矿泉水是应该的，不准备是不对的。

总结

不会运用肢体语言谈恋爱的男士，最终以失去爱情收场；不会运用肢体语言开会的发言人，最终以会议精神没有有效传达收场；不会用肢体语言讲课的培训师，最终以课程内容没有被人很好地掌握收场。

合格的培训师，一定要有带领学员找到课程感觉的方法。

4. 开场三问，保证在开始10分钟占据课堂主动权

开场三问就是培训师在课程开场连续向学员提问，问出学员内心深处的需求，问出学员无法解答的问题，问出培训师的自信，问出学员对培训师的信任。

（1）开场三问的功能

很多学员为了得到培训师的关注，会在课程中表现得很专业、强势，当然也不排除很多学员确实很优秀。而这容易造成培训师课程开场紧张，甚至一整天都无法找到感觉和自信。

我主张培训师在课程前20分钟到场与学员做些课前互动，有意让想表现的学员提前表现出来，这样比学员在课程开始后才表现出来更加有

时间应对。

培训师可以在自我介绍之后,甚至在自我介绍之前先来个"训前提问",把问题问得刁钻一些、难度大一些,让所有学员参与到问题的思考中,最好的效果是培训师的问题所有学员都答不出来,由此,培训师摸清了学员的实力,自信就回来了——培训师是有能力解决自己提出的问题的。

培训的时候,再强势的学员都会谦虚下来,会放下专家身份、领导身份,回归"空杯心态"。很多培训师总是要学员有"空杯心态",这是一句废话。学员已经有足够的实力,培训师还要求他空杯,怎么可能做得到?用有难度的问题来强迫学员"空杯",让学员知道自己还有不足,然后在开场半小时先不进入实际课程内容,而是把学员无法回答的问题一一解决,学员很快就能认定培训师的专家和权威地位。

(2)开场三问的方法

①任何课程都要准备2~5组关于课程中最高端内容的问题。

a. 一天课程中会有很多体现培训师深度的内容,对每个内容设计一到两个问题;

b. 对每个问题进行文字精练;

c. 将准备好的问题写在纸上,以备不时之需;

d. 对于所有课程问题,要先进行多次演练。

学习肢体语言的方法

1. 说话时刻意增加手部动作。
2. 看肢体语言训练的视频,根据视频录像的要求加以练习。
3. 到肢体语言训练课堂上学习和练习。

②培训师要掌握标准的开场三问技巧,这将在第9章"课堂互动技巧"中重点讲解。

5. 充分准备,保证课程细节完善

培训师有效的课前准备比培训师的能力更加重要。

在第4章"PTT五大关键词"中已经专门讲过准备的要点,此处不再赘述。

6. 建立学员积极主观看法

这一内容将在第7章"课程开场主观看法建立"中做详细讲解。

> **总结**
>
> 培训师驱除紧张感的6个妙招:
>
> 1. 讲故事;
> 2. 喊口号,带动课程氛围;
> 3. 加大肢体动作;
> 4. 开场三问,保证在开始10分钟占据课堂主动权;
> 5. 充分准备,保证课程细节完善;
> 6. 建立学员积极主观看法。

用积极的心态缓解紧张情绪

1. 相信课程内容

(1)相信自己的课程内容,你绝不会紧张

不自信是培训师紧张的最主要原因,培训师充分相信自己的课程内

容，是培训师自信、学员信任培训师的重要技巧。

（2）相信自己内容的重要性

俗话说：家丑不可外扬。只要家里人不到处说自己家里人差，外人是永远无法了解这个家的情况的。只要培训师对自己的内容有信心，就会有自信，就不会紧张。

另外，培训师不相信自己的内容时，学员就会对培训师表现出不信任，这个时候培训师的紧张就会加剧。

所以培训师相信自己的内容，既能为自己建立信心，又能让学员对培训师和内容放心。

（3）什么样的内容值得相信

①第2章"什么样的课程才美丽"中"课程理论获得学员尊重"所列的内容，一定值得所有人相信；

②开场三问所提问题的解决性内容，一定能让学员相信；

③深挖细节、信息量大、能落地的内容，绝对值得学员相信。

（4）什么内容不值得相信

①一个内容反复讲，还没有深度；

②给不同的行业讲课用同一套课件，不修改内容，不修改案例，没有企业和行业针对性的内容；

③自以为成功经验，却没有理论支撑的内容和方法；

④从小场面、小企业总结的知识，在大场面、大企业使用，可能会受到质疑。

总结

"文以载道。""言之无文，行而不远。"培训师一定要有值得信任的内容，没有了"文"的课程，这个培训师的职业生涯就不会太长久了。

在课程中时时处处思考你的每个内容多大程度上值得学员信任，你的每个内容值得什么级别的学员信任。

千万不要有"有一两点内容差点不要紧"的侥幸心理，要知道，一架飞机会因为一个不合格的配件而坠毁，遗憾的是，问题在飞机起飞前是不会表现出来问题的。

2. 相信学员真诚

相互防备、相互不信任，会无限度地增加紧张感。很多原本共赢的项目，往往因为相互不信任造成所有人共同失败。

（1）只要是好东西，就算不适合他，他也不会批评你

虽然培训师的授课内容一定要实用，一定要适合本班学员。但是很多时候，只要你有真材实料，就算有些与本班无关的内容，学员也不会说你很差。

而如果你的内容不仅好，还很合适本班学员，对他们有帮助，即使再不爱学习的学员，也会尊重你的实力和内容，也会被你的技巧、你的专业、你的感性所吸引。

（2）学员的真诚是建立在培训师实力基础上的

千万不要指望你的内容很差、表达能力很差，学员还会成为你的忠诚粉丝。现在工作压力大、工作量也大，学员能腾出时间来学习，就已经表现出很大的真诚了。就像一个人花300元打车费去买一件1000元的衣服，300元的车费，1小时的车程，这已经是购买的诚意了，就算衣服卖价再多200元，消费者也不会没有购买诚意。但如果衣服的款式、用料、

质量、工艺达不到消费者的要求，他是绝对不会买的。

总结

用实力去赢得学员的信任，用感性的方式抓住学员的注意力，用专业的知识和有深度的内容博得学员好评，用对学员负责任的态度备课换取学员的真诚。

3. 建立信心

培训师的信心有两个来源：一是对自己充满信心，二是让学员对你放心。对自己不信任是无法全力以赴的心魔，学员对你不信任是你开场不自信反射出来的回影。

（1）对自己充满信心

进一步枪林弹雨，退一步海阔天空。培训师接课程时，不要接自己无法驾驭、专业能力不够的课程。信心源于准备，培训师授课的专业知识储备应该是授课时间所容信息的6～20倍。

薛少君老师是中国最早的商业性培训师之一，从1994年至今，薛老师课程无数，但是新课程很少。

他休息时爱看各类书籍，从中不断提升自己几套课程的知识量，更新课程信息，借鉴很多非本课程知识与方式。

他告诉我："首先保证每节课的专业性，不要对不起任何一个学员。要做10倍的准备，才能在只发挥三分功力的情况下就让学员百分之百满意。"

很多培训师是先接下课程，然后赶紧买两本书补充课程信息，这样的培训师也许表面上自信满满，但他心中的恐惧是学员能感受到的。

  一个40天的基础管理干部系列培训项目。一共8个班，每个班5天课程，每次2个班同时授课；所有学员都是32~45岁的国企基层、中层干部。

  根据约定，要去4位培训师交叉授课，不好的2位培训师退出讲师团。我的一个老友介绍一名26岁的培训师加入讲师团，我因为手头事情多抽不出时间，就派了个同事去他的授课现场观摩了1小时，派去的人回来说"感觉不错"，于是也请了这个年轻培训师。

  没想到他课程开场才1个小时就讲不下去了。我赶紧派人把他替换下来。和他沟通后，才发现他授课总天数不到50天，而我们接的这个项目的课程内容，他之前只是给一个没有名气的培训师做过两场助教。他在表达所有内容时都是"我认为""我是这样想的""请问这位学员，你有没有比我这个更好的方法"，其极端不自信显露无遗。

（2）让学员对培训师充满信心

如果学员对培训师不够信任时，学员的注意力和对课程的兴奋度都不会高，培训师的提问也不会有人参与，培训师有高度、有深度的内容和经典的论点都会被学员不重视，这样的课程对学员而言就是完全没有学员价值的课程。

培训师要先赢得学员的信任后再授课，课程一开场就要让学员对培训师充满信心，否则学员不会快速地喜欢课程。

接下来的两章中有关于这一点的详细讲解。

4. 真诚对待学员

真诚是人之根本，专门训练人、教育人的专业培训师更加应该真诚。培训师对学员的真诚决定了培训师的职业素养和职业的长远发展。

培训师的真诚体现在：

①对学员的责任心；

②给学员配备的知识和内容；

③是否根据学员需求修改课程；

④是否有高标准的职业形象；

⑤是否对课程的每个细节熟练把握；

⑥亲和力和认真度；

⑦对学员现场提问的重视度等。

> **总结**
>
> 培训师拥有积极心态，自然不再紧张。
>
> 1. 相信课程内容；
>
> 2. 相信学员真诚；
>
> 3. 建立信心；
>
> 4. 真诚对待学员。

第 7 章
课程开场主观看法建立

什么是课程主观看法

主观看法是指引心的太阳；
她让我知道追求生活的美；
她让我探寻到美在的方向；
她让我掌握美的人生旋律；
她给人展现美时的模样；
主观是一切美需要在的地方。

■ 工具：段论语言

段论语言包括随口四段论、随口六段论、随口八段论、四段论双重段、六段论双重段、八段论双重段、深重段四段论、深重段六段论、深重段八段论9种，是一种极其感性的语言形式。四段论有四句，六段论有六句，以此类推。第一句叫"起首"，交代要说明的事物；中间几句叫"绘龙"，具体解释说明这一事物；最后一句叫"落款"，做盖棺定论的总结。如果培训师掌握了这种语言技巧，那课程中的文学性、语言流畅性都将大大提升。

这种语言技巧需要训练，单靠书面文字不易学习，而且主要依靠导师点评得到提高，不然自己错了也不知道。在PTT国际专业讲师培训高级班中，段论语言是个6～9小时的训练内容。

培训师课程开场成功和主观印象建立的质量好坏与水平高低，很大程度上决定了一天课程的成败。

主观看法是我们做决定的参考依据之一。朋友见面，我们往往根据对方第一句话定位他今天找我的目的；与陌生人见面，我们往往根据他开始几分钟说话的文学性、内容、表情、语气来判断他的性格、实力，是否好交往；相亲场合，我们往往根据前几分钟对对方的看法来决定是否再见面；面对同一产品类型几十个不同的选择，我们往往根据颜色、款式做购买决定。以上例子没有一个是用客观因素分析的，全部都是对事物的主观看法，由此看出主观看法的重要性。

课程中的主观看法有两种：旁观者主观看法和参与者主观看法。

1. 旁观者主观看法

教室里在上课，旁观者从教室外走过，看到里面气氛很沉闷，会说：课堂氛围好沉闷。

看到隔壁的教室阵阵笑声、阵阵掌声，会说：这个培训师不错。

看到另外一间教室里学员正在训练，会说：这个课程很实战。

这是旁观者主观看法，会直接影响无法了解实际情况的人对培训师课程的心理认知。

2. 参与者主观看法

一个培训开场20分钟，培训师讲了几个故事、案例，学员一下子就进入了角色，会评价：今天的老师不错。

一个培训开场20分钟，培训师就讲了一堆理性知识，学员一下子就会认定：完了，今天的课程好沉闷啊。

一个培训开场20分钟，培训师展开几个大面积互动、提几个问题，学员就会认定：今天的课程会很好玩。

培训师一开场讲自己的研究情况和履历，学员就会根据培训师的自我介绍定位其实力。

课程中主观看法的重要性

课程中的主观看法能决定学生对培训师的评价，带动课程发展方向。

有的培训师善于短期表现，课程开场很好，学员一下子就被带入培训师要的课程状态；有的培训师是"慢热型培训师"，开场半小时都无法进入状态，也无法带领学生进入状态，但是半小时后会讲得很好，两小时后会更好，这样的培训师很辛苦，因为100%的学员都是用主观看法定位培训师水平的，你开场的表现让学员怎么看你，之后他们就一直会怎么看你。这解释了为什么有的培训师问问题，学员不回答；有的培训师讲故事，学员没反应；有的培训师组织训练，大家不认真、不兴奋，这一切都是主观看法所致的。

培训师开场带动了大家互动的积极性，一天课程中学员就会从头到尾保持积极互动；培训师一开场带动了大家记笔记的积极性，一天课程中学员都会非常爱记笔记；培训师一开场让学员没有互动，一天课程中无论培训师怎么带动，大家都不会参与。这就是主观看法的重要性。

课程积极主观看法的建立方法

要建立积极的主观看法，一定要善于使用开场技巧。通常课程的前15分钟是培训师建立学员主观看法的第一环节，这个环节非常重要；前25分钟要用完全不同的风格建立学员二次主观看法，让不喜欢第一种风格的人在这时形成积极的主观看法；此后的第一小时都是主观看法的建立时段。

下面推荐几种最常用的主观看法建立方法，每种方法至多用8分钟，至少用2分钟——同一方法使用8分钟以上，课程会沉闷；同一方法使用不到2分钟，就收不到预期效果。

①**注意教室桌椅的摆放方式。**

②**在教室内墙壁上挂4~12幅与课程内容相符的图画。**通常我会将课程主要内容从学员教材和讲师版PPT中删除，单独设计成精美的图文挂在教室里，学员一进教室，还没有开始课程，注意力就集中了。我将之命名为"挂历式技巧"。

③**注重培训师的形象、仪容。**很多内部培训师在这一点上做得不好，商业培训师往往非常重视这一点。

④**用培训师独特离奇的机遇开场。**带给大家完全不同的课程感受。

⑤**用失败的案例开场。**失败案例最能引起大家的重视。

⑥**自我介绍开场。**突出培训师权威性。

⑦**热闹开场。**课程一开场就带领大家参与进来。

⑧**提问开场。**一开场就多问问题，让学员集中思想。

⑨**重要内容开场。**开场先声夺人，让学员一下子就觉得"啊，今天的课程内容不错"。

通常一个6小时的课程，第一小时应该全部是新颖的开场内容，当然理性内容也应该有，一定要保证方法的新颖性、风格的差异性、内容的高度和深度。

开场主观看法建设哑火的处理方法

没有经验或者初学主观看法建设的培训师可能会遭遇主观看法建设哑火（失败的情况），也就是常说的"抖包袱没有抖好"。这样的现象发生后，有两种应对方法：第一，跟着感觉走，不做改变；第二，重新进行学员主观看法建设。

我个人会选择第二种方法。但相较而言，通常第二次学员主观看法建设难度要比第一次大很多，失败的可能性也更大。

第二次建设学员主观看法的时间，通常是课程一小时之后。判断要做二度主观看法建设的依据是：

①培训师感觉课程很沉闷；

②培训机构、受训企业写纸条对课程沉闷表示不满；

③很多学员走神或者部分学员学习兴奋度不高；

④预期的"学员对课程的喜爱"没有出现。

二次学员主观看法建设方法如下：

①5～8分钟小组讨论（准备奖品与惩罚措施）；

②口号带动，所有人一起喊口号，把氛围、士气喊出来；

③把课程重要内容提前，深度挖掘，多提问、多总结；

④做游戏、做健身操。

学员对课程的主观看法在很大程度上决定了课程的成败，因此加强课程主观看法设计对培训师而言非常重要。

一天的课程需要建设学员的积极主观看法，一节课也需要建设本节课的主观看法，一个小的内容点也有建设学员主观看法的必要性。

> **总结**
>
> 不懂建设学员主观看法的培训师，课程中永远无法把握、捕捉、放大要讲的课程内容，更加无法保证要讲的内容达到最佳效果。
>
> 是否懂得主观看法建设，对培训师而言，课程效果、学员收获会有天壤之别。

第8章
对学员思想、感受、行为的设计

培训师掌握学员思想、感受、行为的价值意义非凡；
掌控学员的思想能带来课程的精彩开场；
课程中抓住学员思想能保证课程的流畅进行；
让学员感受好，是课程顺利进行的保障；
只有学员感受好了，培训师才能神采飞扬；
有了学员的实际参与，就有了学员对课程的承诺；
带动学员课程行为是培训师走向优秀的门槛；
会设计学员思想、感受、行为的培训师才是真的好培训师！

抓住学员思想

抓住学员思想、增强学员感受、带动学员行为是培训师课程中必须要做的事情。很多时候培训师只重视课程内容或者授课技巧，却忽略了对学员思想、感受、行为的建设。

如果一个司机开车注意力不集中，结果不是出车祸就是违章；如果沟通时注意力不集中，不是场面冷清就是沟通无效；如果学员在课程中注意力不集中，那再好的知识学员也学习不到。

为什么会有学员在课堂上顶撞培训师？就是因为同样的内容，学员与培训师的理解不一样，从而产生分歧。要想学员学得好，培训师首先要做的就是抓住学员的思想，让学员的观点和自己的观点保持一致，让双方的思想达成统一。

1. 每个培训班都有三种对学习的重视度

（1）部分学员非常期待课程、非常重视课程

实习期的新人必须在工作能力和工作技巧得到认可后才能转正。因

此这群人往往非常重视与工作相关的专业知识与技能学习,这样的学员也非常好带。

(2)部分学员对课程不是很重视

一些资深员工或者管理者,他们在同一岗位多年,有的工作时间甚至比培训师还长,更有的甚至还是培训师以前的领导、师傅。这样的学员不太好教,但大部分培训中都有这样的学员。

(3)部分学员完全不重视课程

很多企业培训部要求单一部门、单一岗位的技能课程,其他部门也要派几个人来学习,这样做,既能让培训得到其他部门的支持,又因为参加学习的人多、培训预算的人均费用低以获得领导审批。

让与课程无关的人参加培训,是企业培训的大忌,对水平低、经验不足的培训师而言,就要承受很大考验了。

课堂上出现这样的学生,对于培训师而言,一定不是什么值得庆祝的事情,但是商业培训师没有选择学员的权利,无论什么学员,都要讲好课程。

上述三种学员状况,是培训中必须面对的,如果不能有针对性地应对,课程就会失败。企业和培训机构不会因为学员结构来包容培训师课程质量的不佳,也不会因为培训师发现有不合适本班的学员,就去清退学员。

2. 抓住学员思想的方法

如果此时停下来,自己想想如何抓住学员思想,不急于看后面的内容,你的收获会更大。也许你的方法不一定好,或者高度深度不够,或者艺术性不强,但是停下来思考一下后,整理整理自己多年的授课经验,想想如何在以后的课程中抓住学员思想,这样课程中就有了你自己的血液。思考后，再参考我给你的一些简单的方法，结合使用，你抓住学员思想的能力就会快速提升。

思考

如何抓住学员思想？

1. _____
2. _____
3. _____
4. _____
5. _____
6. _____

3. 抓住学员思想的三个时点

①一天课程开始，用5～20分钟提升学员对课程的重视度；
②一节课开始时，用3～5分钟提升学员对课程的重视度；
③每个重要内容点都需要提升学员对课程的重视度。

4. 开场抓住学员思想的方法

①**用开场三问来提升学员对课程的重视度**。开场三问能了解学员困惑，能再次调查学员需求，能促进学员对课程的重视，能带领和推动学员思考问题，学员开始思考问题了，心自然就进入课堂了。

②**培训师介绍开场**。显示自己的权威，让学员相信你的能力。

③**成功案例开场或失败案例开场**。开场瞬间直指行业和岗位特性，让熟悉岗位的学员知道行业相关事件和培训师的知识储备深度，让非相关岗位的学员提升关注度。

④**离奇故事或人生经历开场**。提升学员的好奇心，带领学员进入另类思维。

⑤**用一天课程中最经典的内容开场**。让学员一下子被震住，瞬间认为培训师有实力、有深度。

⑥**研讨会开场**。课程一开场来个大面积互动，所有人都动脑筋思考老师设下的问题、观点。

⑦**课程介绍开场**。开场先告诉大家今天要学习什么。

⑧**课程内容概述开场**。开场对要讲的几个最核心的内容进行说明，并且说出这个内容的来源、目的、功能、解决什么问题。

大家好，我要给大家讲4个内容：

一、台湾震旦家具对客户的3种颜色偏好分析与应对。台湾震旦家具是销售家具的成功企业，它在台湾的市场占有率第一、成交率第一，我们今天学习他们分析客户的最简单的方法，20秒钟就能分析出客户心理，同时做出应对客户的技巧选择。

二、摩托罗拉对客户购买产品的4种心理活动分析与应对。这是摩托罗拉终端的成功秘籍，他们能100%地分析出客户购买想法，现在这个内容已经成为全世界零售培训的通用教材和必修课。

三、美国哈佛大学营销学院对从客户计划购买前到实际购买后8个心理活动阶段分析与应对。这个内容是美国哈佛大学波尔教授的研究成果，是消费者心理学的前沿理论，非常实用。

四、日本汽车营销培训学院从客户进门到客户出门的10个销售步骤训练。这是全世界最安全、最科学、最精细化的店面销售流程，不少行业的零售店，都在用这个套路培训自己的营业员。

◎点评

用这个开场方法，估计想来看看就走的学员，如果工作不是非常忙的话，一定不会中途离开的。

⑨**游戏、活动开场**。开场就调动大家的积极性，让非岗位学员进入到课程中来。

⑩**考试"威胁"开场**。告诉学员今天的课程是要闭卷考试的，考试得分会给到各位学员的直接领导。

⑪**领导压阵开场**。课程开场第一节课，请个高级管理干部到场助阵，让所有学员全部专心学习，并说明摄像头连接着领导的电脑，领导会一面处理工作一面学习，也会看看大家是怎么学习的。

> **总结**
>
> 抓住学员思想，提升学员对课程的重视度是对课程负责，对学员负责，对培训师自己的品牌、名声负责。在学员思想不集中的情况下授课，对学员没有半点意义。
>
> 学员注意力集中度决定了授课效果，学员注意力集中前，不要进入课程内容。

增强学员对课程的正面感受

培训的评估结果，绝对不是培训师的单方面努力或者培训师的实力就可以决定的，也不是培训师的自我感觉能左右的，而是由学员对课程的感受决定的。学员感受好，评估结果就好；学员感受差，评估结果就差。

虽然培训师不靠学员打分来证明自己的实力，但是企业和培训机构会靠评分决定是否与培训师继续合作。而且，很大程度上，企业领导或者培训机构领导都是在不在场的情况下凭借几个学员的口述和所有学员的评分，对培训师和培训效果做出总结。

因此，增强学员对课程的正面感受，既能提升培训师与学员的关系，又能保证培训师后续的课程量，也是学员思想紧紧跟随课程的保障。学员开始的思想聚焦靠的是培训师的艺术性,而课程开始半小时后的思想聚焦靠的就是学员感受。学员每半小时感受好,培训师后面半小时的课程就轻松,而一天课程是由很多个"半小时"组成的。

1. 学员感受的两个方面

学员对课程的正面感受,体现在两个方面:第一,学员感受到快乐;第二,学员学习到知识。

(1)让学员快乐

课程中每半小时必须让学员感受到快乐。快乐在课程中有两个来源:一是与知识有关的快乐,二是纯娱乐性话题与互动的快乐。

很多培训师一天下来就一个故事,或者就一个口号,又或者就做一次健身操,而且单一快乐素材的质量可能还不高。但是,学员的快乐不能一天就一次。

> 一对夫妻结婚三年,先生一年才带妻子在外面吃一次饭,三年才给妻子买一件衣服(虽然先生的工资都是给妻子的),一年也没有一次旅游安排。
>
> 三年后夫妻决定离婚,很多人都说是先生没有带给妻子快乐,而他不觉得自己有问题,他觉得别的丈夫做的事他都有做,甚至离婚时妻子穿的衣服还是他送的。

◎点评

看到这个案例,实际上不是先生不会做,他也做了,问题在于他带给妻子的快乐的频率不够高。

培训师要每半小时带给学员一次快乐,否则学员的感受就会很差。

（2）提升学员学习到知识的成就感

课程中要是半个小时还没有一个让学员有学习成就感的内容，那这个课程一定是内容平庸的。很多培训师一天课程中内容非常多，结果不是不懂提炼精华、拉升高度，就是课程知识没有精华、没有高度，这样的内容学员学习起来会很乏味，只会觉得培训师学术性、理论性不够。

课程中每半个小时有一个经典内容，让学员觉得这半个小时太值得了。这样的课程，学员才会喜欢。

有的课程内容别人讲的时候，经典频出，高度深度的内容比比皆是，指导学员实战、指导人心向上、发人深省的内容不断。有的培训师就会感到很奇怪：为什么别人讲的时候那么精彩，展示的内容那么有价值，而到我表达时，怎么连我自己都不觉得有价值呢？

实际上这是培训师提炼课程内容经典的能力不够。任何一个小节性内容，甚至是细节性内容，培训师都要对每个内容点提炼出一个或者多个经典论点，不然这个内容点的价值就没有得到体现。

带动学员在课程中的积极行为

行为是指互动，只有学员参与进来了，学员的心才算真正进入到课程中。互动是课程氛围的保证，将学员注意力集中后，再快速营造让学员快乐的氛围，给出有学习成就感的内容，来增强学员的正面感受，但是时间久了，再好的内容都会沉闷，再好的感受也会消退，只有让学员参与、互动，课程才能持久有效。

任培训师一个人在台上如何发挥自己的才华，如果没有有效的互动，培训师的一切实力在课程中就变得没有价值了。

通常管理类课程的内容全部都是由理论指导实践的，这样的课程往往由于学员单位或者学员个人实际情况的不同，授课形式也需要有所不同，尤其有些内容需要培训师在课程进行中通过讨论、提问、辩论等互动形式产生一些观点、信息等，课程才能得以继续进行。

另外，针对有些操作性内容，学员或学员单位希望在授课后自己能达到操作的水平，而实际上，往往会因为每个人的理解不同造成操作结果不同，甚至在操作中错误百出。

基于此，培训师必须让所有学员跟随自己做同步训练，或者组织学员轮番上台训练，再根据学员训练的实际成果、优缺点给出准确的点评和改进的方向。

下面介绍的销售培训案例很具代表性。

珠宝行业著名销售培训师、中国第十二期PTT国际专业讲师培训高级班成员孙晓龙老师，在昆明对某珠宝公司大客户销售代表进行销售培训，其中一个电话邀约内容有三个重点：

1.合理针对每个大客户的特点制定邀约时间。如果在对方正忙的时间打电话，不会有邀约效果，甚至会引起客户的反感。

2.邀约的"话术文字质量"。如果邀约话术得当，被邀约成功的客户就多；如果话术质量不好，成功邀约可能就小。

3.邀约的语言质量。有了好的话术文字，如果没有让客户接受的语音语韵，邀约质量也会较差。

也就是说，打电话时间对了，内容质量好了，打电话的语言语气标准了，工作绩效就会高，反之，电话邀约绩效就会差。

孙老师研究了客户对课程的期望。客户单位领导希望员工不仅知道还能做到，希望员工通过这个课程直接提升打电话的水平，提高大客户邀约率。

孙老师的训练方法如下：

1. 每人发一张A3纸表格，表格上列出大客户的姓名、行业、电话号码、每周每天适合接打电话的时间等待填事项，让学员将所有重要大客户的相应信息填写在表格上。

2. 每个人上台对大客户行业和计划电话时间逐一说明。孙老师根据学员的计划时间，正确的加以验收，不正确的指出并让其更正，同时让其他学员对同类客户的信息进行比对和修改。

3. 三到五个学员说明自己所有客户的情况后，全班大部分学员也同步进行比对，基本上所有学员的客户行业特点都齐全了。剩余个别学员存在一到两个不同行业的客户，不予直接解答，而是作为课后单独交流的素材，为了一个学员占用所有人的时间不太合适。

4. 要求每位学员根据自己最多客户的5个行业编写邀约话术。

5. 将50多位学员分为5个小组，每位学员在小组内根据自己写的文章话术进行模拟电话邀约，然后每个组选出10条最有质量的电话话术。

6. 最后，5个小组轮流上台进行一条话术的分享，孙老师对每条话术进行基础指导后，全体学员起立，跟随孙老师以高标准的语音语韵结合修改后的话术进行同步训练。为了让学员有后期操作标准，要求所有学员进行电话语音录音。

训练成果：通过孙老师对学员的三次训练（时间分析训练、话术编写训练、邀约模拟训练），学员评价课程内容非常结合实际工作，训练非常有效，学员现场进步巨大。

一个月后，我们对客户进行了电话回访，对方领导的回答是：通过孙老师的训练，客户邀约成功率提高了两倍，现在他们要解决的已经不再是提高电话邀约客户数量的问题，而是提升现场接待规模和现场成交能力的问题了。

第8章　对学员思想、感受、行为的设计

◎点评

　　如果孙晓龙老师只采用标准讲解，而没有学员填表的环节，那学员在打电话的第一步就已经出错，不正确的时间打入电话只能让无数大客户反感电话营销。再因为邀约话术不好，就又失去了一批客户。最后，语音语韵又不专业。这个企业和这批学员在经过三次丢客户之后，剩下的和能被邀约到的大客户也就寥寥无几了。

除了上述案例介绍的互动方法，培训师在课程中的互动还可以怎么做？且看第9章"课堂互动技巧"。

总结

　　学员思想决定了学员的感受，要讲好课程，先解决学员思想，就是提升学员对课程的重视度，通常可以用提升学员对课程的期望值——培训最原始初衷来实现。要学员感受好，首先要让学员思想不抵触，可以在课程进行到15分钟后，运用有高度的内容和互动的形式；当学员感受好后，必须在课程进入20分钟后加大课程互动，最好是让学员有实际进步的互动，迫使学员投入、参与。

第9章

课堂互动技巧

课程容易沉闷的时段分析

培训师都希望自己的课程不沉闷,却苦于没有好的方法保证课程的全面互动。要用对方法,先要分析课程中何时容易沉闷,这样才能有的放矢。

1. 一天课程的时间分配法

通常一天的培训课程有6小时,上午3小时,下午3小时。有的课程下午也会是3.5小时,如果下午课程超过3.5小时,学员会非常辛苦,因为学员一次性连续接受知识的极限时长就是3.5小时。

以6小时课程为例——

上午3小时,分为2节课进行。

第一节课:09:00—10:30,共90分钟;

第一次课休:10:30—10:45,课间休息15分钟;

第二节课:10:45—12:00,共75分钟。

下午3小时,分3节课进行。

第三节课:14:00—15:00,共60分钟;

第二次课休:15:00—15:10,课间休息10分钟;

第四节课:15:10—16:00,共50分钟;

第三次课休:16:00—16:10,课间休息10分钟;

第五节课:16:10—17:00,共50分钟。

这个课程时间表是最普遍、最安全的日课程时间安排。

2. 日课程沉闷时间分析

每节课根据总时长,平均分成三段。

第一节课:90分钟,每段时间为30分钟;

第二节课：75分钟，每段时间为25分钟；

第三节课：60分钟，每段时间为20分钟；

第四节课：50分钟，每段时间为17分钟；

第五节课：50分钟，每段时间为17分钟。

第四节课全部时间段是最容易沉闷的，第三、五节课的第二段是课程中比较容易沉闷的时段；第一、二节课的第二段也容易沉闷（见表9-1）。

表9-1 日课程沉闷时间表

时间	第一段	第二段	第三段
第一节课		容易沉闷	
第二节课		容易沉闷	
第三节课		比较容易沉闷和打瞌睡	
第四节课	最容易沉闷和打瞌睡	最容易沉闷和打瞌睡	最容易沉闷和打瞌睡
第五节课		比较容易沉闷和打瞌睡	

3. 需要重点实施大面积互动的危机时间点

一天课程中，最容易沉闷和打瞌睡的时间是第四节课全部时间。因此这节课通常不以讲课程内容为目的，而是以调动课程氛围、实施大面积互动为主，可以安排一级大面积互动。

第三节课第二段和第五节课第二段是比较容易沉闷的,安排二级大面积互动。

第一、二节课程的第二段也容易沉闷,但是打瞌睡的人相对不多,在这个时间段,可以考虑使用二级、三级大面积互动。

总结

有计划地预防学员上课打瞌睡和课程沉闷,能绝对保证课程的氛围。

课程中不要过于重视内容,忽略互动的价值,不然就不会有好的课程氛围。

课程中提问的最佳时间点

课程互动中用得最多的技巧是提问。那有谁研究过培训师问话的最佳时间点吗?

问话的时间把握非常重要,很多人问话就是为了互动的形式,没有互动的内涵,这样的问话收效甚微,只有抓住最佳时间点的问话,才是科学有效的。

课程提问的最佳时间点有两个:一是训前提问,二是训后提问。把握了这两个提问时间,是最能有效提升学员重视度、提升学生记忆水平、提升考试成绩的。如果高中老师都使用了这个技巧,那学生考试成绩平均提升18分是能做到的。

1. 训前提问

(1)什么是训前提问

我建议你停下来,先填写一下什么是训前提问。如果能自己写下答案，再看后面的标准答案，你看这本书的效果会好很多。我知道所有人这个时候都迫切需要我的答案，但我还是建议你先自己思考一下什么是"训前提问"。

思考

你认为什么是训前提问？

1. _____
2. _____
3. _____

你认为训前提问的目的是什么？

1. _____
2. _____
3. _____

训前提问，是任何一个内容进入正题之前的提问。这个技巧非常简单，目的就是问学员对这个内容的掌握情况。

举例1：请你告诉我什么是3G移动业务？

举例2：请问什么是训前提问？

我想问，就这么简单的一个问题，到底几个人用过？而用过的人到底以什么为目的使用？

（2）"平均内容时间比"与"重要内容时间比"

训前提问能将授课质量提升6倍。

有人会质疑：你的6倍是怎么计算出来的？很简单，你看过说明后就能理解了。

①平均内容时间比。

我们在参加学习时，会发现很多内容我们以前都学习过，或多或少都知道一些，甚至我们知道的比老师还专业。实际上，就是培训师讲的一些内容学员知道，一些内容学员不知道，就这样，对学员知道的内容，培训师可能慢慢地讲、仔细地讲，还很负责任地讲，而学员却沉闷地听、走神地听。这种培训师授课用的是"平均内容时间比"模式。

很多培训师课程中有不少内容，一个课程有6个大纲条目，每个条目7个小节，每个小节2~6个细节，培训师再用"平均内容时间比"的方法，慢条斯理地授课。课程深度高度是有了，但浪费的时间太多，没有意义的内容也太多，影响了学员的情绪，进而影响课程效果。

"平均内容时间比"的授课模式，20世纪60年代在美国就已经不用了。训前提问遵循的是"重要内容时间比"模式。

②重要内容时间比。

重要内容时间比，就是将所有时间用在讲重要的内容上。

对于学员不需要的内容、学员已经懂了的内容、对学员工作没有意义的内容，培训师应该在课程中带过，或者淡化，甚至直接删除。很多培训师追求课程内容多、PPT多，这样培训机构就认为培训师负责，买单的企业也觉得信息量大，学生学到的就多。

我也曾为此纠结，也因为PPT数量少而被企业取消已经确定的课程。后来我采用将有用、无用的内容都放在PPT上，但是讲课中将90%以上的时间用在重要的内容上，这样就既保证了对学员负责、对课程质量负责，又保证了培训师的声誉。

（3）如何确定内容重要与否

①中国培训师常规的内容分级方法。

PTT国际专业讲师培训对内容的分级模式与中国常规的企业培训对内容的分级有很大的区别。中国培训界将课程内容分为一级、二级、三级，通常课程大纲是一级内容，大纲下的小节是二级内容，小节下的细节是三级内容。这是内容逻辑关系下的分级方法。这种分级法有一个优点，就是内容层次清晰、课程理论逻辑性强；它的缺点就是授课中往往没有重点和次重点的区分。

②PTT对内容的分级方法。

PTT对内容的分级方法，在常规的一级、二级、三级内容的基础上，又有一个新的标准：非常重要级别（一级）、比较重要级别（二级）、次重要级别（三级）。PTT课程中往往淡化课程内容的逻辑级别，更加重视内容的重要级别，这样课程中就将更多的时间用在了重要内容上，形成"重要内容时间比"。

a.非常重要级别内容。学员岗位要求必须掌握的内容、工作中使用频率非常大而学员不会或者使用不标准的内容。比如：生产工人的操作流程。

b.比较重要级别内容。学员岗位要求必须掌握，但是工作中使用量不大的内容。比如：私家车司机的换轮胎技巧。

c.次重要级别内容。学员只需了解和知道的内容。比如：员工的上下班制度。

会用这个方法准确定级内容，培训师授课中就知道哪些内容需要深度讲解，哪些内容可以简单讲解，哪些内容带过就好。但是不用训前提问的培训师，永远只能使用"平均内容时间比"模式，课程时间用得多，没用的内容讲得多，课程的效果也差了。

③内容级别的识别方法。

当确定了内容的级别后，新的问题又产生了，就是如何确定学员是否需要学习培训师认为的主要内容。有两种方法：第一，学员需求调研。大家都想学习这个内容，说明他们有需求。第二，培训师经验分析。根据培训师多年对培训课程中学员的了解，认定他们需要哪个内容，不需要哪个内容。

这两种方法，都可以通过训前提问来实现。在每个内容进入之前，先对三个学员进行提问。如果所有人都很清楚地回答出来，直接放弃这个内容，因为再讲下去只会影响大家的心情，浪费大家的时间。

如果一个很重要的内容，学员回答时有简单概念，但是了解不深，甚至不标准，这个内容可以下些工夫讲解。

如果一个很重要的内容，三个学员全都回答不出来，那这个内容就要做深度讲解。这样的内容才是学员喜欢的、需要的。

（4）训前提问的对象

人以群分，物以类聚。培训中，往往一伙朋友经常坐一起，或者同级别的人经常坐一起，如果你挨个提问，很有可能你问的三个人正好都会，没有问到的正好不会。

于是对提问的对象就有了要求：

①从三个完全不同座位角度找；

②从不同岁数的学员中找；

③从不同级别学员中找。

这样的提问对象，出意外的可能性就微乎其微了。

总结

训前提问很重要，它可以——

1. 提升课程互动频率。

2. 暗示学员上一个内容结束了。很多培训师进入了新的内容，学员思想还停留在上一个内容。

3. 识别课程内容的重要级别。

4. 引导学员进入学员角色。

5. 降低学员的浮躁感。很多学员自以为很厉害，很自信，于是课程中多了些浮躁、少了些谦虚，培训师通过问一些学员回答不出来的问题,让学员虚心学习。

训前提问方法简单,功能强大,不可不用,坚持多用。

2. 训后提问

训后提问是每个内容结束后对2~3个人进行提问。很多培训师认为这个内容我讲了,你也听了,你就应该清楚了、明白了,结果学员考试成绩差的时候,培训师还认为自己没有责任。实际上,学员考试成绩差,就是培训师的问题。

(1)训后提问的目的

①提醒学员这个内容要结束了;
②活跃课程氛围;
③检查学员是否真的掌握了内容;
④树立培训师的人格魅力。

病人躺着进来,站着出去,这是医生最喜欢的场面。如果课程也能让学员"躺着进来,站着出去",学员来的时候一问三不知,培训后对所有问题都对答如流,这样,培训师的信心自然提升了,学员也好学了,忠诚学员就培养出来了。

(2)训后提问后的决策

对内容进行训后提问后,如果学员全部回答正确,则可直接进入下一个内容;如果学员的答案有问题,培训师可以再次简单讲解。

另外,也可能出现问到的人正好能回答出来,没问到的人回答不出来的情况,这也没有关系,因为别人在回答的时候,不懂正确答案的人也能通过别人的回答学习,形成"二次授课""三次授课"。

切记,二次授课是培训师一定要做的,目的在于帮助学员多次学习。

> **总结**
>
> 训前提问和训后提问是培训师必须时刻牢记的技巧。只要一个技巧没用,我就会质疑学员是否真的掌握了我讲的内容。
>
> 用训前提问和训后提问提升讲课质量、提升学员成绩、展开现场互动,是非常简单但却非常重要的环节,作为一个培训师,我不知道除了训前提问、训后提问外,你拿什么证明学员掌握了内容?你拿什么实际效果证明你很优秀?

开场三问训练

1. 开场三问的目的

开场三问技巧,是培训技巧中技术难度低、课程效果好的一个技巧。

开场三问,顾名思义,就是课程开场问三个问题。如果开场三问水平够高,能直接指向课程的核心和直接解决学员工作中的问题,就能瞬间调动气氛,引起学员注意;就算开场三问水平稍逊,也能在课程开场就达到大面积互动的效果。

2. 开场三问的方法训练

(1)一问训练

①一问解释:问课程的重要性。

②一问目的:强行互动,引起学员对课程的重视。

③一问方法:你好×××,请问×××课程重要吗?

沟通技巧培训:你好,奥巴马同学,请问提升沟通技巧重要吗?

电话销售技巧培训：你好，奥巴马同学，请问提升打电话水平重要吗？

④提问人数：根据学员总数，每10位学员抽问1位，最多问4人。

⑤进行完一对一互动后，增加一个大面积互动（声音要大）：请问所有学员，提升××技巧重要吗？

这一轮不到1分钟，3～4人的个人互动加上一次所有人的互动，主要是能提升大家对课程的重视度。

◇训练：请把这个技巧（指方法那句话）练10遍以上。

（2）二问训练

①二问解释：了解学员与课程内容相关的工作、生活常见问题。

②二问目的：强行互动，了解你今天要保证解决学员什么问题。如果一个课程能帮助学员解决5～10个问题，这个课程已经很优秀了。

③二问方法：请问你的同事在××中有哪些问题？

目标管理课程：请问你的同事在目标管理中存在哪些问题？

礼仪培训：请问你的同事在礼仪中存在哪些问题？

④提问人数：比第一问多1～2人。

⑤最后来个大面积互动，大声说：请所有人给他们掌声。

这一轮不到2分钟，4～5人的一对一互动加上一次所有人的互动，这样的场面要是你能经常做到，你的课程就近乎完美。同时，要是你了解了今天课程中能帮助学员解决什么问题，这个课程就能保证实战。

这个环节容易出一个问题，就是二问方法：请问你的同事在××中都有哪些问题？问的是"你的同事"，很多培训师会问成"请问你在××中都有哪些问题"。如果这样问，而现场又有领导在场的话，这个学员一定会产生逆反心理，因为他要是回答了你的问题，就等于他对领导承认他有问题，这样领导会以"他有这个问题"来对他进行定位和评价。

要是你问的是"你的同事"，聪明的学员当着领导的面会说："老师，这个问题我个人还好，不过我观察到我的几个同事有以下问题……"看看，这句话一说出去，培训师收到了信息，这个回答者也在领导面前显示了他的全局观，领导会觉得：这个员工不仅自己优秀，还能观察别人的问题。

◇训练：请把这个技巧（指方法那句话）练10遍以上。

（3）三问训练

①三问解释：了解学员对本次课程内容的学习期望。
②三问目的：强行互动，了解计划课程与实际需求是否存在差距。
③三问方法：×××，请问你在本次课程中希望学习到哪些知识？
④三问人数：与二问人数一样。
⑤最后大面积互动，大声说：请大家给他们掌声。

这一轮不到2分钟，4～5人的一对一互动加上一次所有人的互动，了解了学员需求，既有实际价值又有课程氛围，是开场技巧中最有效的技巧。

◇训练：请把这个技巧（指方法那句话）练10遍以上。

（4）总结训练

三问之后，培训师用一段话做个总结，会将课程推到一个高潮，赢得所有学员的尊重和支持。

各位学员，通过刚才的提问，我了解了大家工作中存在的问题和对今天课程的期望。请大家放心，你们今天提到的问题，我都会一一解答。大家工作辛苦了，希望今天的课程后，能解决大家的一些困惑。不过,要课程达到最好的效果,还需要大家的支持和配合。在这里我给大家鞠躬,谢谢大家接下来一天的支持。

◎点评

试想,这个躬鞠下去,一定赢得一片掌声。这样的开场太完美了。

◇训练:请把上面那段话练50遍以上,成为一个习惯套路。

> **总结**
>
> 一门课程讲到20遍以后,这门课程的全部内容就都是习惯套路了。一门课程只有形成了习惯套路,课程的质量才算有保障。

2002年8月,一家IBM的合作研发企业请我讲一天销售课程,课程前一个月我拿到课程需求:

1. 13位销售员参加;
2. 只有3人是大专以上学历;
3. 都是销售工作时间不到1年的人,有5个是刚入职的业务员;
4. 学习销售专业流程技巧;
5. 需要模拟练习。

我拿到需求后,很愉快地接受了这个课程,因为这样的课程,几乎不需要动脑筋就能用原来的课件直接讲课。课程前一周,我根据他们的行业特性和需求简单修改了课件,打印并发给培训机构。

早上9点的课程,我8点半到会场,经过2~3分钟的沟通,我发现坏了、出大事了,他们发给我的需求与实际情况形成绝对反差。

新的信息如下——

人数:57;

学历：13位博士、31位硕士、13位本科生；

身份：销售工程师、研发专家，其中有近20人有自己的国际专利；

销售年龄：最少的4年以上。

这个时候，心中的恐惧上来了，60张计划的PPT只有2张有用，一张是"××企业销售技能培训"，另一张是"课程结束，谢谢各位"，剩余58张没有一个字是有用的。

我和对方培训负责人沟通出这样的结果后，培训机构和企业培训负责人都非常紧张，我做出了停止上课的决定。这时，机构和企业培训负责人围着我问："周老师，有解救的方法吗？"

我急中生智，就用它了，希望它能救我，能救培训机构，能救两位企业培训负责人，要知道他们的课程要向上海总部做现场直播，不能出问题。我用的方法就是"开场三问"。

我很快在A4纸上列出一张表（见表9-2），让负责人分发给学员填写。

表9-2 销售员常见问题及培训调研表

你在销售工作中有哪些困惑和问题：
1.
2.
3.
4.
5.
6.
你希望通过这个课程学习到哪些知识：
1.
2.
3.
4.
5.
6.

10分钟后，表格快写完的时候，楼层停电（这是计划的一部分，必须有紧急下课的理由），培训负责人说："各位学员，本楼停电了，我们联系了电工，15分钟能到，请大家不要走远。"

接着，负责人和我将收回来的调研表进行了整理和分析，决定讲18条内容——都是学员们提到最多的问题，也是我能马上解决的问题。

我快速将这18项问题分别用一句话做成一张PPT，安插在原本60张PPT中，每3~4张原来的内容后，用一张新增加的。当讲到新增加的内容时，每张用12~25分钟，讲到原计划内PPT时，一句话带过："教材里有，而且不重要，大家下课后看看就好。"

就这样，上午的课程顺利结束，下课时培训负责人告诉我："周平老师，我们总部的营销总监和培训负责人正在从上海赶过来，希望和您见面，我们想把下午的课程安排在3点开始，中午给您安排午休，晚上课程结束后，一起吃饭，营销总监希望和您长期合作，请您做我们的培训顾问。"

就这样，我和他们签订了2年的顾问合同，每月1天课程。后来，每次讲课前我都让所有人填写一张表格，整理出18张内容，综合出一个课程，这个项目做了5年，我的课酬也从1天5000元升到8000元。

◎点评

在上面的情况下，很多培训师容易出现的问题，就是喜欢用一个专门的时间解答所有反馈的问题，如果那样，学员就看出你在临时抱佛脚。

还有第二个问题，很多人不敢一次性砍掉58张PPT，在我看来，没有用的PPT，完全可以不讲。

> **总结**
>
> 开场三问是一个培训师能对计划失败的课程力挽狂澜的技巧。任何培训师只要能对这个技巧训练到信手拈来的程度，遇到什么紧急问题都能轻松化解。

三组合问话训练

三组合问话，顾名思义就是问三个组合性问题。

这三个问题包括：

①批准性提问；

②特定性提问；

③一般性提问。

三组合问话是培训中大面积互动的经典技巧，我建议在课程中每小时使用一次。

1. 批准性提问

提问学员时：你好，可以请问你一个问题吗？

◇训练：将这个问题练习10遍以上，练出气场，练出感情，练成习惯。

批准性提问的好处有：

①用亲和力带动学员的配合；

②将一个互动变成两个互动；

③前面有批准性提问时，学员的思维会瞬间聚焦，回答接下来问题的质量会好很多。

培训师提问，学员注意力集中时，回答问题的质量会很好；注意力不集中时，回答问题的质量会很差。于是提问多了，学员担心一个不小心就被提问，大家也就时时刻刻注意力集中了。很多人把这个技巧叫"暗器"。

2. 特定性提问

当前面向学员做了批准性提问之后，要是接下来没有一个实际的问题，场面会显得很尴尬。久了之后就成了"狼来了"的故事，后面的提问自然就没有人愿意配合了。

培训师问：你好，可以请教你一个问题吗？
学员答：可以。
培训师问：请问批准性提问有什么好处？

这个双环提问法是使用频率很高的问话组合，希望大家多练习。
◇训练：随便找本教材，拿出所有内容点，进行20次以上的练习。

3. 一般性提问

一般性提问是培训师就一个问题对所有人提问，形成大面积互动。

实际上，大面积互动随时随地都能产生，只是很多培训师没有经过专业的学习和训练，对大面积互动没有明确的概念和标准。

培训师问：你好，可以请教你一个问题吗？
学员答：可以。
培训师问：三组合问话是哪三个问题组合起来的？
学员答：批准性提问、特定性提问、一般性提问。
培训师大声问所有人：各位学员，请问他回答得正确吗？（这个提问一定要打开双手，声音大，以足够的气场让所有人回答问题）
所有学员答：正确。

这样一个流程简单易用。很多培训师在授课中，每个问题都是单一的，没有组合，虽然传授课程知识目的达到了，但是氛围却很差，学员在培训师简单的互动下，觉得不过瘾。

课程中提问单一的结果，就是学员会觉得欠缺连贯的互动、大面积互动。请不要因为大面积互动功力的缺乏，让原本可以得到的荣耀和学员归于别人。有很多培训师在现实中确实如此，他们有很好的课程理性，有实用的课程内容，有专业的操作经验，却因为互动不够，落得不被学员喜欢的结局。

五组合问话训练

五组合问话，顾名思义就是问五个不同形式的问话组合在一起连续轰炸般的提问。五组合问话用在课程中，气势磅礴，大面积互动级别非常高。

五组合问话包括：

①批准性提问；

②特定的封闭；

③特定的开放；

④一般的封闭；

⑤一般的开放。

五组合问话在课程中每小时可以使用一次，适合讲完一组超过三个论点的内容后使用，形成"二次授课""三次授课"。

1. 批准性提问

提问学员时：你好，可以请问你一个问题吗？

这个问题的目的前面讲过，不再详述，但是大家的训练要加强。

一定记住，在学员肯定回答后，要接着问下去。

2. 特定的封闭

特定的封闭，是指由一个特定的人回答一个封闭的问题。

> 张华先生，请问你知道三组合问话吗？

"张华"是特定的人；"你知道三组合问话吗"是封闭的问题，对方只能回答"知道"或者"不知道"，没有其他选择。

通常在下午的课程中，学员相对反应较慢，先提封闭问题，给学员更多的聚焦时间，是下午授课的重要技巧。

3. 特定的开放

当封闭式问题问出去后，接下来第三个问题一定要紧跟上。很多培训师第三个问题与第二个问题内容、题型完全不连贯，这样出丑更大。所以前面提到"请问你知道这个问题吗"，后面就应该紧接"请你告诉我标准答案"。

> 培训师问：张华先生，可以请教你个问题吗？（批准式提问）
> 学生答：你客气了，可以的。
> 培训师问：张华，请问你知道三组合问话吗？（封闭式提问）
> 学生答：我知道。
> 培训师问：请张华告诉大家标准答案是什么？
> 学员答：批准性提问、特定性提问、一般性提问。

这是五组合问题的前半段，要练得非常流畅。问问题时要看着你问的人，眼神要坚定，声音要略大些。

4. 一般的封闭

"一般"是指用于所有人，一般的封闭即请所有人回答同一个问题。

问一般性问题时，声音一定要大，不然镇不住场面，学员不会配合你的提问。问一般性问题时，最好要使用"大开手"，就是将双手张开。

培训师双手张开，大声问：请问大家，张华回答正确吗？
所有人回答：正确。

5. 一般的开放

一般的开放，是所有人回答一个开放性的问题。这个问题有些难度，因为既要求所有人能配合，靠的是气场；又要求所有人知道答案，靠的是培训师艺高人胆大，相信自己的能力，相信学员能回答出来。问问题要注意控制大家讲话的速度和顺序，这要求培训师讲一个内容前，就要明确地对内容进行排序，让学员心里有统一的顺序，不然"一般的开放"技巧一定出事。

在这里培训师可以指挥一下，当说"请大家告诉我标准答案"后，用手指指示序号，保证学员回答得整齐有序。

培训师问：张华先生，可以请教你个问题吗？
学生答：你客气了，可以的。
培训师问：张华，请问你知道三组合问话吗？
学生答：我知道。
培训师问：请张华告诉大家标准答案是什么？
学员答：批准性提问、特定性提问、一般性提问。
培训师问所有人：请问张华回答正确吗？
所有学员答：正确。

培训师问所有人：请大家告诉我标准答案。

所有学员答：批准性提问、特定性提问、一般性提问。

培训师要将五组合问话练100次以上，才能达到非常娴熟的程度，才能达到收放自如的效果。

五组合问话是个级别非常高的大面积互动，在课程中调动所有人积极性的效果非常明显，尤其是下午课程沉闷时，一个两分钟的五组合问话，所有人同时回答问题，即便几个人打瞌睡了，也应该会被集体的声音弄醒。

> **总结**
>
> 组合问话是一个培训师在讲台上最小型的大面积互动，在课程中使用这种互动技巧也非常容易。与单一问话的不同在于，组合问话能更好地调动积极性和互动的延续性，从而更好地提升学员思维逻辑的连贯性。
>
> 很多培训师在讲台上采用单一问话方式，这样的问话方式对于增强互动和课程氛围是有效的。但是PTT国际专业讲师培训高级班对问话的技术性和功能性有更高的要求，有18种不同的问话组合，本章主要介绍了3种：开场三问、三组合问话、五组合问话。

课程八大互动技巧训练

1. 研讨会互动技巧

研讨会技巧在培训中有5个"最"：

①互动的时间最长；

②同时互动人数最多；

③产生的信息量最大；

④最能保证所有人相互学习；

⑤课程救急效果最好。

2006年8月的一天下午，室外气温37摄氏度以上，我在富士康科技集团授课。

下午第二节课才开课不到6分钟，突然停电，我听到外面走廊全部是人，估计其他几十个教室可能全部因为停电而下课。如果我也下课，后面还有28张PPT，2小时左右课程时间，要是停电超过30分钟，那我们后面的内容一定会因为赶时间而缺乏深度。

于是我果断决定，将后面7张PPT的内容做研讨会，由7个小组各领一题。

25分钟后，时任培训负责人的柴国文先生到达现场，问别的培训师为什么下课，培训师们的回答是停电，无法上课。当他看到我们教室在开研讨会，就知道我的研讨会是应对停电额外增加的。

研讨会小组讨论结束，各组发言，没有音响，学员们更加安静了，小组发言完毕，我对不正确的理解进行了纠正，7张PPT在研讨会中完成，而且效果非常好。

我们用第二场研讨会，讨论了后面20张PPT，课程最后拖堂20分钟结束。来电后，柴国文先生通知，下午休息的培训师和学员，晚上继续上课，而我们的班级晚上独自享用游泳池。

课程中需要救急的情况有很多：培训师讲课很差，须换人，新培训师到来之前班长组织研讨会；长时间停电；内部培训师上课，很多时候上级领导有更加紧急的事情必须培训师亲自处理；门外过于吵闹；培训师突然身体不适等。而研讨会是课程中救急的最好方法。

浙江三花集团课程，是在一家宾馆进行的，下午我突然出现高烧、头痛、腹泻等症状，无法授课。学员是全国来的员工，酒店包下来4天，如果停课，经济损失巨大，而且这个课程结束后，我要马上去往下一个城市授课，没有缓冲的授课时间。当时的课题是"讲师授课紧张分析与讲师紧张处理技巧"，计划紧张分析40分钟，紧张处理60分钟，中间下课一次。

我让培训机构助教组织研讨会，让学员分组讨论，他每组听2~3分钟，并摄像。

酒店的医务室给我紧急退烧、止痛，我赶紧回去听讲师紧张分析研讨会的汇报，结果还算满意，我做了简单的补充后，开始讲师紧张处理技巧研讨会，研讨会时间40分钟，每组发言5分钟。

随后我下楼继续输液。

也许有人会怀疑这个课程的质量，但是对于一个一门课程讲了500场以上的培训师，我对这样的处理方式是有自信的。

（1）研讨会的技巧

①研讨会分组，每组不能超过12人，超过12人的研讨会，每人发表自己观点的时间不够；最少6人，低于6人的研讨会，能产生的信息太少。

②建立研讨会小组。小组由组长、记录员、成员组成，通常组长或者记录员任小组发言人。

③制定发言人要求。

④有研讨会的课程，必须先做好分组、场地、道具等准备，保证研讨会顺畅进行。

⑤提前明确研讨会时间。

⑥准备好点评的内容和奖品。（有奖品的研讨会效果会更好。）

（2）研讨会的信息管理

很多研讨会基本上流于形式，很少能对受训单位和学员产生实际意义的。主要问题在于培训师对研讨会计划、研讨会必要性评估、研讨会后期管理的落实上。

2003年5月14日，我受邀为深圳某大型医院的医院高管素养培训紧急顶课。

9:00的课程，我7:45到医院，看到一位老太太带着孙女很着急地喊："医生在哪？医生在哪？"

由于护士工作一夜都很疲倦，又正好是交班时间，一时没有人来帮这个老太太。我找到一位员工问："你怎么不去帮帮这个老人？"

得到的回答是："看那个孩子也没有多大问题，老人出于对孩子的担心和爱，表现得夸张了些。而且5分钟后我就下班了，接班的这个时候通常都已经接班了。"

几分钟后我向保安打听培训室的位置，得到的也是上通宵班后不耐烦的回应。通过20分钟的感受，我担心整个医院会不会是一样的待人态度，如果是，这简直就太糟糕了。于是我决定紧急开一场大型研讨会，有三个主题：

1.医护人员应该用什么样的态度、方法让患者及患者家属等待治疗和配合治疗？

2.医护人员的职业道德是什么？如何将职业道德与工作实际联系起来？如何让患者和社会感觉到医护人员的职业道德？

3.医护人员的职业生涯如何规划？如何在自己的职业生涯内做好每件事情？

150人的培训，我将学员分成12组，在课程开场进行了约35分钟的开场引导后，开始了研讨会，讨论时间40分钟。

35分钟的时候，培训负责人告诉我，院长说题目太有意义了，而且希望得出更好的研讨结论，希望多给些时间，于是研讨会增加25分钟。

后来又经过一次要求，研讨会讨论时间再次增加，10:55研讨会结束，休息15分钟后，11:10开始发言，每组发言时间15分钟。

第一组组长洋洋洒洒发言至27分钟才结束，第二组发言人上台说："周老师，15分钟肯定不够，我给您鞠个躬，要求25分钟。"

第二组发言结束后，午餐时间到了。医院院长、党委书记、培训负责人、培训机构总经理和我一起用餐，院长说："今天研讨会的选题太好了，我做院长3年了，周老师所问的问题是我3年来一直不满意的地方，一直也没有找到解决的方法。"

下午继续，原本计划16:30结束的课程，在进行到16:20时，小组发言才到第九组，院长批示，同意延长课程时间，增加培训费用。

18:00研讨会发言结束，我将47张写有1000多条内容的大纸满满地贴在医院教室的墙上，最后用了50分钟进行了补充。19:00，课程结束，院长、党委书记陆续上台对我一天课程做了肯定发言，并表示以后每2个月请我做一场这样的研讨会。

整个课程我个人发言时间80分钟，课程结束后，我和医院领导商量，将研讨会结果带回去整理、归类、补充。

5天后，我将整理的内容装订成册，和培训机构一起送到医院，换回的是一份一年6场研讨会的合同。

3个月后，一位中国医院培训专家出现了，2004年、2005年每年在全国医院讲课超过120天。课程分3个课题：

1. 医院高层、医生职业道德规范；
2. 医护人员最高服务标准训练；
3. 医护人员职业规划与职业分阶段管理。

总结

研讨会信息的管理办法：

1. 必须进行两次讨论对内容进行整理、分类、评级；

2. 将内容分给各部门，研究使用可行性和实施计划；

3. 分阶段评估研讨会内容操作结果；

4. 定期分发所有未采纳而又纳入知识管理的研讨会素材给所有相关人士阅读，拓宽内部人员视野。

（3）课程中研讨会时间比

2小时课程可以安排15分钟研讨会，每组2分钟发言；3～4小时课程可以安排25分钟研讨会，每组3分钟发言；6～8小时课程，可以安排35分钟研讨会，每组5分钟发言。

建议培训师在一天的课程结束后，组织培训负责人或者班长进行内部研讨会。主题可以是：今天的课程内容哪些可以在近期工作中使用？今天的课程内容在工作中如何使用？

注意，有了这个研讨会，课程价值产生的实际效果能大大提升。不然再好的培训，都只是形式。

（4）课程中计划内研讨会和计划外研讨会

在设计课程时，就根据内容、课程时间，设计好研讨会，课程中根据设计执行。

在PPT的制作中，每10张PPT有3张的文字压缩成一句话，形成"连字诀"，方便计划外研讨会使用。

2. 课程中每5分钟问话

课程中每5分钟必须有互动，虽然互动的方法有很多，但问话是最直接、最方便、最容易产生的互动。学员是在培训师不断的提问中集中注意力和思考问题的，培训师用提问来引领学员思维，保证学员不走神。很多人不看重每5分钟的课程互动，结果几个5分钟后，学员就开始走神，现场也就开始沉闷了，到那时，要拯救课程氛围，就只能用大面积互动了。如果一个课程不使用大面积互动就能从头到尾学员注意力集中，这样润物细无声的课程效果岂不美哉！

（1）课程中向谁提问最合适

我平时在课程中突然问学员："各位，请问培训师在课程中，向谁提问啊？"结果大家没有反应过来，只会异口同声地说："向学员提问。"

课程中提问的对象有：

①**向喜欢坐角落的人提问**。这样，培训师教室中走动就多了。

②**向注意力不集中的人提问**。这要求培训师时刻观察学员是否集中精神。

③**向正在和其他学员聊天的人**。这样能打断学员私下聊天。

④**向打瞌睡的人提问**。把他叫起来回答问题，然后请学员给他掌声，连续3个回合下来，你叫他睡他也睡不着了。

⑤**向学员中威信较高的人提问，然后赞美他回答问题的质量**。他的参与会带动别的学员的重视度与参与度。

（2）提问的技巧决定了提问的质量

很多培训师提问水平有限，没有正规训练过问话技巧，在课程中就算提问，也无法调动学员的配合，可见问话的技巧非常重要。

①音量要比平时讲课大一倍以上；

②语速比讲课时慢一倍，确保对方听的气场还有反应的时间；

③提问的语气要比讲课的语气深情、诚恳，这样学员会更加愿意配合。

3. 小面积讨论

小面积讨论在课程中使用频率较高，也很容易进行，它没有太高的场地要求和其他特殊要求，对课程中快速提升和调整课程氛围又非常有效。

通常课程在每小时第二段都比较容易产生沉闷，尤其是下午，于是在每节课程的第二段使用小面积讨论就更加有价值了。

（1）小面积讨论的标准技巧

①讨论时间通常为5～8分钟；

②每组人员4～6人，5人最为合适；

③一般在原座位上侧一下身子就能进行；

④要有明确的讨论主题和方向。

（2）小面积讨论的方法

①提前设计好要讨论的题目，直接通过PPT呈现出来；

②课程中设计"连字诀"，或者针对PPT原有理性内容的某项进行讨论；

③课程中，可以每小时课程进行到30分钟时，安排一个讨论。

销售员客源开发的有效方法

（1）搜集行业内知名大企业做未来大客户储备

（2）请每组讨论出本企业最喜欢的10个大客户（这里可以讨论）

（3）查询行业黄页、刊物资料补充客户资料

（4）通过114或者互联网填充既有名单的客户电话信息

（5）通过一切关系搜索行业客户名单及资料

（6）参加行业会议发现潜在客源

（3）小面积讨论的执行步骤

第一步：分组、选组长。

第二步：公布题目。可以所有组讨论一个题目，也可以每组一个不同的题目。

第三步：制定规则和讨论方向。

第四步：最后一分钟通知时间。

第五步：讨论结束，小组发言。（如果每组内容相同，全部发言完点评；如果每组内容不同，就讲完一组，点评一组。）

第六步：发奖。

4. 游戏互动

游戏活动是学员快乐指数最高的互动技巧，也是培训师快速取悦学员的重要手段，很多培训师或者培训机构的公开课甚至会在开场就使用游戏。当然，开场就使用游戏来带动课程氛围，是培训师极端不自信的行为。一个培训师只有在自己承认没有别的办法提升课程氛围的情况下，才会在开场使用游戏活动。不过，也有一些为培训师做培训的培训师，用自己玩游戏、做活动的方法教会学员一些新游戏来做课程开场。

（1）游戏的使用频率

游戏能快速将课程氛围推到最高，在课程沉闷时使用游戏是个不错的选择。但是什么时候使用游戏？游戏时间需要多长？

①基层员工培训，可以每小时做一个3~5分钟的游戏。

②基层管理干部培训，可以下午每节课做一个3~5分钟的游戏。

③企业中层干部，可以每半天做一个3~5分钟的游戏。但是面对这个级别的学员，游戏选择需要很慎重，因为学员对游戏的级别、艺术性、质量要求很高。

④无论级别多高的学员,都可以每天安排一个游戏。

(2)课程中使用游戏的要求

很多培训师在课程中过度使用游戏,甚至将荒诞的、超长时间的、低级趣味的游戏都搬上了讲台。这是对学员的不尊重,不要使用这样的游戏。

(3)课程中游戏应具备的元素

①题材积极健康;

②过程安全;

③最好能产生教育意义;

④有详细的计划、步骤;

⑤有一定的快乐性;

⑥有一定的艺术性和传承性;

⑦游戏的操作要简单,学员参与时技术难度不大。

(4)课程中游戏的类型

①集体舞蹈;

②感悟游戏;

③课间健身操;

④益智游戏;

⑤剧情模仿游戏;

⑥其他纯娱乐性游戏。

5.知识性互动

知识性互动是课程中最有品位、境界最高的互动。在课程中,一切以学员学习到知识、技能和提高素质为主,由于培训投资者都希望尽可能地让学习者多学习知识或者技能,但是又要考虑课程的氛围,这样互动、娱乐就难免占用一定的时间，于是，如果既要提升课程氛围，又要保证将更多的时间用来讲课程内容，就只有用知识性互动了。

一般而言，知识性互动有以下种类：

（1）培训师说，学员记录

专业知识培训，一小时5～6次；岗位技能培训，一小时3～4次；员工素质培训，一小时1～2次。

课程中的隐性理性、关键内容的延伸或某个内容的定义等，都可用于知识性互动。课程中越是关键的内容，越要让学员记录。

（2）一起朗读课程内容

这样的技巧在课程中不怕多，一小时1～3次都可以，下午课程可以更多一些。通常这样的技巧主要用教材中没有、在讲解中延伸出来的内容，而且必须是课程中最重要的内容，不然就失去了一起朗读的价值。

（3）激发学员思考

能让学员动脑筋的互动是最好的互动。学员为什么睡觉？不是因为身体疲倦，而是因为大脑没事了，于是大脑休息了。所以培训师要让学员多思考问题，学员思考的问题越多，精神就越好。

（4）智力竞赛、辩论会

这样的技巧在课程中每小时使用一次。

（5）书面考试

这个技巧好像很多培训师早就不使用了，实际上是因为培训师的服务意识差了——培训师想着讲完课就算完了，要是考试的话，就需要阅卷，而阅卷的事情自然由自己来做，所以干脆就不考试了。其实，这是不对的，课程讲完，考试是检验学员学习成果最好的办法。

建议课程中每个6小时以上的课程，设计一个考题，可以把答案给企业培训负责人，由他们组织考试、评分。也可以课程完了之后，培训师带上试卷回家慢慢地阅卷，阅卷后打分、写评语，并向企业收取1000～2000元的服务费用。当然，也可以让助手帮助完成。

6. 学员个人演练

（1）课程中演练的目的

不能保证学员现场进步的课程不是好课程，不能保证学员现场进步的培训师不是好培训师。还有一句话我们前面提到了：岗位技术性人才不是学出来的，而是练出来的。

很多培训师在课程上"傻讲"，讲了半天才发现讲的方法与学员岗位实际有天渊之别。要了解学员情况，只提问是不管用的，说不定问出来的结果也是学员胡编乱造。所以要让学员开练，一下子就能得出所有答案，这就是"行家一出手，就知有没有"。

课程训练的目的，就是将学习到的知识、方法通过现场练习让学员掌握。因此，学员演练是培训中的重要互动技巧。

（2）课程中演练的时间安排

培训中一天课程用多少时间来演练？这个问题要因课程性质和培训重点而定。

如果是技术性课程，练习一整天也不为过，如：驾驶员、电工、车工等岗位操作。

技能以外的常规培训，通常3～4小时课程，演练加研讨会共用75分钟；6～8小时课程，演练加研讨会总计时间达到150分钟。

那么，在一天课程中什么时候演练最合适？

演练与研讨会都是一级大面积互动，如果一天的课程，只有演练，没有研讨会，最佳时间是下午第二节课。如果有研讨会，也有演练，就必须上午一个、下午一个，下午自然是第二节课程了；上午的一级大面积互动则适合在第二节课中后段使用。

（3）演练的操作步骤

第一步：事先通知演练的题目；
第二步：制定演练的标准要求；
第三步：安排演练的点评环节，最好有书面的点评表格；
第四步：科学、专业的规范性点评；
第五步：排名、发奖；
第六步：演练中发现的问题后期跟进。

7. 请学员读PPT

课程中请学员读PPT是培训师最常用的技巧之一，课程中每5分钟必须有互动，如果全部用问话，那也会因形式单一而让人感到枯燥，因此需要学员能随机参与的互动形式。请学员读PPT这个技巧非常方便、好用，只需要提前把要读的内容输入PPT即可。

当一个学员在课程中打瞌睡，如果将学员叫到台上读100字的PPT，然后掌声送回座位；5分钟后又叫其到台上读100字的PPT，又掌声送回座位。这样的方法，15分钟内在同一个人身上使用三次，这个人就无法入睡。

课程中每10张PPT中，可有3张将要讲的内容写在上面准备好，在课程中让学员读。这样，在课程中，很多话由学生读，培训师会轻松很多。甚至对于比较陌生的课题，培训师还能在学员读PPT时，有时间思考下面的内容。

那么，课程中找谁读PPT呢？

①喜欢坐角落的学员；

②不喜欢发言的学员；

③走神的学员；

④无精打采的学员；

⑤在和人聊天的学员；

⑥已经有瞌睡先兆的学员。

8. 用故事让现场氛围升温

（1）故事在课程中的价值

讲故事永远是培训师最喜欢的技巧，也是很容易掌握的技巧。很多人不把讲故事当互动技巧，实际上让学员会心一笑也是互动。

课程中故事有4种：

①纯粹娱乐性故事。

②段子。（这种故事曾经是中国培训界的一道风景线，现在能不使用就最好不用。）

③感悟故事。

④与内容相关联的故事。

故事是感性的重要元素，讲故事能带领学员跟随培训师的思路，学员思绪能很快被带到课程中来。

一位伟大的文学家说过一句名言：世界上不缺乏美，缺乏的是发现美的眼睛。在这里我改写一下：世界上不缺乏新颖的故事，缺乏的是能从生活的点点滴滴中找到优美故事的人。

（2）课程中讲故事的安排

①基层员工培训中每小时：纯娱乐性故事一个，感悟性故事越多越好，与内容有关的故事越多越好；

②基层管理干部培训中每两小时：纯娱乐性故事一个，感悟性故事越多越好，与内容有关的故事越多越好；

③中层管理干部培训中每天：纯娱乐性故事一个，感悟性故事越多越好，与内容有关的故事越多越好。

学习励志故事一：小偷"偷学"的故事

我经常在课程中把自己比作秀才，把所有学员比作小偷来讲这个故事。

古时候有一个小偷，当街偷一个外乡人的东西时被外乡人发现，小偷仗着自己是本地人，不仅毫不羞愧，反而对外乡人大打出手。市民们因为小偷作恶多端且报复心强，虽心有愤恨却不敢制止。这时，本县最有才华的周平秀才虽然手无缚鸡之力，却敢仗义执言，当众狠狠地羞辱了小偷，帮助了外乡人。小偷发誓要让周秀才生不如死，他想到的方法就是将周秀才偷得倾家荡产，让秀才也沦为小偷，于是晚上潜伏在秀才家里，等待周秀才睡着后实施偷盗计划。

没想到周秀才秉烛夜读通宵方倒床而睡，小偷也不方便光天化日之下抱着周秀才的东西招摇过市，于是决定当晚再来盗窃。就这样连续三年，周秀才夜夜朗读文章，小偷夜夜趴在周秀才床下等待机会。在三年里，全县再无盗窃案件。

一天，周秀才接到县衙推荐进京赶考的通知和推荐信。小偷想我就不信你半路上也不睡觉，他甚至想了更狠毒的方法，要在半路上把周秀才偷得一无所有，从此行乞甚至客死他乡。于是也去县衙讨要进京赶考的推荐信。县令多年来一直希望赶走小偷却苦于没有机会，为维护一方平安，爽快地给了小偷一封进京赶考的推荐信。

一路上小偷紧随周秀才，哪知周秀才一路也是夜读日行，直到进京小偷也没有机会下手。于是，小偷想我在考场内将你考试的笔墨盗走，让你没有考试的工具。结果进了考场后，小偷被分到的考试座位离周秀才太远，也就没有了在考场盗窃的机会。于是无聊之际打开自己的考卷，一看，所有考题都是周秀才读过的文章，小偷想我早点将考卷写完了，到考场外等周秀才出来再行盗窃。最后小偷第一个考完交卷离场。

离场后，小偷和周秀才都以考生的名义分别居住在不同的客栈，小偷再无盗窃机会。半月后考试发榜，周秀才中了榜眼，而无意中偷学三年的小偷却高中状元。

每次故事讲完后，我都会说，祝愿各位"小偷"偷走我所有的能力与智慧，早日超越我的能力，成为中国优秀的培训师，去服务于更多渴望知识的"小偷"。

学习励志故事二：垫脚石与石佛像的故事

这个故事在课程中也屡试不爽，非常受学员喜欢，而且很有教育价值。

有两块巨大的石头被运到山脚下，其中，甲石头要被工匠们雕成佛像供人参拜，而乙石头却要被打得粉碎，为来参拜的人们铺路。

甲石头承受不了被凿子和铁锤一下一下雕琢和敲打的痛苦，多次乞求工匠们放弃对他的雕琢，并且发誓宁可不做万人参拜的佛，只要做一块舒适的石头。在甲石头的苦苦哀求下，工匠们决定不让甲石头受苦，而让乙石头代替。

两年间，乙石头也非常痛苦，但是它咬着牙顶住了凿子和铁锤的雕琢与敲打，成为万人参拜的佛像。雕琢完佛像的工匠们腾出手来，用大锤将甲石头砸得粉碎。砸的过程中，甲石头的痛苦比当时雕佛的痛苦高出10倍。

后来路铺好了，石像也立在了山顶，每天成千上万的信众们拿着水果、鲜花、香纸等来参拜供奉他们心中的佛像，而已经粉碎的甲石头只能日复一日地承受众人踩踏的痛苦。

晚上，信众们离开了，只剩下微笑的佛像和痛苦的铺路石。此时的铺路石唉声叹气地说："原本立在山顶的应该是我啊！可惜我没有毅力坚持到成为佛像，却沦为铺路石。"

老师们每讲完这个故事，都会说："你们的人生有过无数次被人雕琢的机会，如果你今天是成功的，那就说明你是那块乙石头雕成的佛像；如果你认为你今天是不成功的，那一定是你在被以前的领导、老板、老师雕琢中选择了放弃，沦为甲石头。当然，你们比甲石头幸运，因为它只有一次选择的机会，而你们在无数次选择了放弃之后，你们今天的老板和领导选择继续雕琢你们，给你们成功的机会。我就是帮助你们的领导和老板来雕琢你们的工匠。"

◎点评

很多人认为故事只是为了取悦于学生，只是为了活跃气氛。而实际上，上述两个故事在课程中的教育性、励志性、哲学性和传承性都尽显无疑。

总结

培训师八大互动主题是帮助培训师全方位提升互动效果的技巧，会综合使用不同互动技巧，能让学员觉得培训师是个综合性实力派培训师，而不是风格单一、技术薄弱的培训师。

课程中要充分发挥八大互动技巧，来提升学员快乐感、提升学员学习兴趣、提升授课质量。

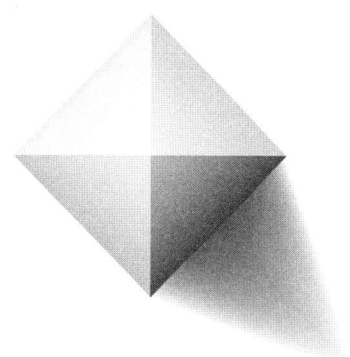

第10章
培训师语言训练

4种不规范的课堂语言

我在18年专业训练培训师生涯中,观察到只有不到5%的培训师受过丹田发音的训练。很多培训师讲课不到3天声音就嘶哑,有的讲课不到一年就要做扁桃体手术,甚至有的培训师连续讲课不能超过3小时,否则就会患咽喉炎。

上面的问题都是不懂标准发音的结果。其实,培训师授课时的规范发音不到10种,如果培训师在课程中能使用音韵技能,那将得到非常美的课程效果。不过,我看到的80%以上的培训师使用的发音都不超过两种。而且很多培训师在课堂上使用不规范的语言。

1. 家常语言(随性语言)

随性语言是没有经过正规语言训练的人的习惯性常用语。对于受过专业语言训练的人而言,在形成了专业语言习惯后,基本上不太会出现随性语言。与随性语言相对应的是职业语言,两者之间的区别有如屌丝与高富帅的对比差距。

随性语言就是生活中的家常语言,具有在菜市场买卖交易者之间家常语言对话的风格。这样的语言往往是一来一往的对话,当进行到七八个对话回合后,就无法有效回忆起前面第一、第二个对话回合的内容。这样的语言无法增强学员的记忆力,更加无法形成语言的冲击力。

> 培训师手垂直竖放,略微分腿,语气平谈地说道:"同学们早上好,我是×××老师,呃……今天我要给大家讲的是……那个……呃……沟通的技巧课程。"

◎点评

通常培训师开场会用铿锵的发言、浑厚的声音、大开手推动学生做课程回应，但是这个培训师的开场仅仅30个字不到，就充满口头禅和多余文字，在课程开场就造成沉闷气氛，而学员也瞬间对后面的课程失去了期待。

培训师继续用没有抑扬顿挫的语调啰啰唆唆地说："呃……那个沟通课程呐，是一门非常蛮重要的学科，呃……这个……要是没有学好沟通课程啊，那个在工作的时候，那个在对外谈判的时候，那个总是会，哎，达不到那个，在沟通之前那个预想的那个效果。"

◎点评

我们看看上面一段话，70%是多余文字，加上没有冲击力的语言，课程几乎无法挽救。另外，课程中多余文字和词汇每产生一次，就是一次学员走神的机会。

随性语言往往没有热情，没有音韵，口头禅和多余文字较多，无法集中学员的注意力，无法激发学员的学习热情。没有专门学习过发音的培训师，95%都用这种语气讲课。这种过于随性的语气，只要5分钟就会让学员走神。

如果删除多余文字和口头禅，那6小时课程1小时30分就可以讲完。尽管时间缩短了，但授课效果却要强好几倍。

但是，很多企业没有有效的培训师评估系统，通常只要培训师能讲完一天课程，最少也不会低于75分。而表达清晰流畅、富有热情、课程效果好的培训师在讲完课程后，最多也就是100分。而75分与100分的两种课程实际质量的隐性差距却是天壤之别，处于无效课程与有效课程的两个极端。

2. 暴力语言（吵架专用或远距离传送信息的语言）

暴力语言是语气和用词不友好的语言，虽然声音很大，但是与热情语言的感觉和效果是不一样的。若培训师完全没有语言情感，或者用愤怒或欺负人、侮辱人的语气进行授课，极有可能造成师生的现场冲突。就算学员当时能够忍受，也不愿意继续听这个培训师的课程，其课程结果自然无效，甚至会起到相反的效果。

2002年冬天，在温州的一场为期两天、多位知名培训师同台授课、现场超过千人的大型公开课上，一位五十多岁的非常有权威的培训师在课程现场，毫不留情地将某一位当地企业家的管理缺点说成是区域共同缺点，语气十分强硬。现场一位二十出头的年轻企业家非常愤怒，说道："老师，你说的是我们所有人还是某个人？"

培训师毫不客气地回答："我说的问题就是这个地方大多老板都存在的问题！请你不要影响我课程的继续进行！"

然后提问者说："老师，你对浙江的老板完全不了解，你说的事情没有在现场的老板中任何一个人身上发生过，请你说点有用的！"很显然这个学员与培训师产生了正面冲突，此时其他在场的学员也点头赞同这位提问的学员。

此时，培训师显示其权威，继续口气严厉地说道："培训机构，你们是怎么让这样的学生进来的？请叫人将他赶出去！不要影响我们讲课，也不要影响其他人的学习！这是我这么多年讲课中见到组织最差的培训机构！"这几句话先无意中得罪了一大批学员，后又得罪了可能帮助他挽回局面的培训机构。

提问的学员这时声音更大了，他回敬道："我是买了门票的，就有权在这里学习。就好比动物园看动物一样，动物是没有权利赶走观众的！只有观众在讨厌了某个动物之后才会去看下一个动物！"现场响起了雷鸣般的掌声。最后，培训机构紧急通知下课，更换了其他培训师。

◎点评

粗暴的语言、不恰当的应对是这个课程失败的原因。好事不出门，坏事传千里，在事件发生的一周后，很多培训机构纷纷取消了该培训师的课程。所以，暴力语言授课最终伤害的是培训师自己。

3. 顺势语言

买家："你这个产品，我发现了三个问题：第一，价格太高；第二，质量不好；第三，款式难看。"

卖家："你不要光挑毛病，你要想想我们的难处：第一，现在采购成本高；第二，工人工资高；第三，房租和税收高。"

◎点评

这是课程中常用的理性语言，这种语言要求语句精练。语言文字一旦不精练，学员的思绪就会中断，容易走神。

4. 发嗲语言

发嗲语言是培训时极端不稳重的表现。有的培训师，一米八的身高，两百斤的体重，喝酒吵架时声如洪钟，百米外都听得清清楚楚，可是课堂上却发嗲发浪，一口的娘娘腔；也有的培训师，音质天生如此，让学员听得起鸡皮疙瘩。前者是不知道语言美学和语言力学，后者可能知道自己发声不正确，但是没有参加过专业语言训练，因此没有更好的表达方法。

由于发嗲语言、娘娘腔语言必须要现场体验才能有感觉，而文字中很难达到演示效果，在此无法做到案例分享，敬请读者们谅解。

很多人很奇怪，为什么说这么多培训师没有学习过语言？他们不一样也在讲课吗？难道他们的语言都是不合格的吗？

实际上，很多培训师经过多年讲课的磨炼，慢慢形成了自己的习惯，有了自己的语言风格。有的风格确实受学员欢迎，当然，也有的培训师表达能力非常糟糕。

一个没有经过专业表达训练的培训师，很难保证一个连续2天的课程全程氛围高昂。很多人甚至误以为学员在课程中精神十足是培训师作秀、玩游戏、讲故事的结果，实际上最大的秘密是语言魅力。

7种专业发音训练

以上4种语言都不是培训师在课程中的正规发音。培训师的正规发音一定是浑厚、铿锵、柔美、伤感、怀旧、清晰、精练的结合。

1. 浑厚发音

没有经过专业训练的培训师，在课程中放平嗓子大声吼，结果5米内的人震耳欲聋，5～10米的人感觉很好，10米外的人觉得声音很小。

浑厚发音能让人听觉舒适，能让1～50米以内的人听起来是一个音量、一种感觉。

浑厚发音需要借助培训师双手外张、远推，才能在没有麦克风的情况下，让同样的音调与音量传到10米、20米，甚至40米开外。没有"外张、远推"的肢体动作，一定发不出浑厚的声音。

一个培训师只要掌握了浑厚音韵，学员能在10分钟内不走神。如果要学员5天课程、每天10小时不走神,那就要将多种标准职业发音结合交替使用,每种音韵不要超过3分钟。

◇代表语言:毛主席在天安门宣布新中国成立的语言。

思考

请写几句浑厚发音语言。

_____

_____

_____

_____

2. 铿锵发音

浑厚是慢的音韵,而铿锵是快、急、稳的音韵,可以让学员思维一直紧紧跟随培训师的内容。

铿锵音韵的手势快、动作幅度大、有激情,一般都是连续上举。

这样的语言要掌握内容节奏,音韵与内容要绝对应景。当然这样的语言,培训师如果不懂丹田发音的话,会非常坏嗓子,而且还要掌握换气技巧,建议培训师们参加PTT国际专业讲师培训高级班的训练,或者找公园里的戏曲爱好者,每天和他们学学戏。

◇代表语言:同志们,为了胜利,冲啊!

培训师用铿锵音韵说:"各位学员,大家好!"(用外张远推手势)

◎点评

双手外张,等于把所有学员都纳入培训师的怀抱,学员会感觉培训师非常有亲和力。铿锵音韵加外张远推手势下的培训师气场，能让所有学员感觉到老师的情怀、亲和及气势。

思考

请写几句铿锵发音语言。

_____
_____
_____
_____

3. 柔美发音

柔美发音是最能抓住学员注意力的语言，不需要任何文学性，讲几个故事，说说自己心里的真实想法与感受，说说自己的期望等，就能实现。

柔美语言的练习很简单，多看看言情电视，跟着演员一起背台词，每天半小时左右，持续一个月，你的语言会从此柔美。

柔美语言的肢体动作速度会相对较慢、手势动作较小。

◇代表语言：周恩来总理的演讲基本上都是柔美语言。

思考

请写几句柔美发音语言。

_____
_____
_____
_____

4. 伤感发音

伤感发音是培训师讲情感课程、激励课程、团队课程、责任心课程时使用最多的语言。

我在2001年教过一个学员——李云，他如今已是中国知名培训师，他天生就有伤感、忧郁的语气，而他讲的课程又正好是团队教练、企业教练，需要引导学员进入冥想的场景，这个时候要是没有伤感语言，培训师永远无法带领学员"入戏"。

伤感语言很简单，语速慢一点、声音小一点、情感丰富一点。不管别人是否进入角色，眼泪要挤一挤，时不时配点二胡独奏、钢琴曲等音乐。语言中没有任何学术词汇和网络词汇。

伤感语言的肢体动作幅度很小，一般都是在胸口活动。

◇代表语言：朱军主持《艺术人生》的语言。

思考

请写几句伤感发音语言。

_____
_____
_____
_____

5. 怀旧发音

怀旧发音是在课程中发人深省的语言技巧，一般在回忆时用。培训师使用柔美、伤感、怀旧语言讲课时，现场一定是静悄悄的，无论学员是否喜欢这种风格，只要有人发出一点非课程元素的声音时，所有学员会视他为公敌。

怀旧语言速度最慢，内容连接性要强，故事要一步步推进，不能有情景跳跃，不能改变语气，一个语气的变化马上就会打乱听者的思路。

怀旧发音的肢体动作大小、快慢都有，随情感发挥。

◇代表语言：创业分享会、英雄人物事迹报告会等的语言。

思考

请写几句怀旧发音语言。

_____
_____
_____
_____

6. 清晰发音

清晰发音语言接近于理性语言，语速较慢，不带任何情感，即便是说词语，也要一个字一个字地说出来。在课程中，清晰发音很常见，在新加入一个内容时，要首先讲清楚这个内容的基础知识，这时，清晰发音是唯一的选择。

没有清晰的发音，任何要说明的内容的质量都会打折。

清晰发音的肢体动作配合很重要，配合好的时候，能放大能量；配合得不好的话，学员会对内容不重视。

◇代表语言：李咏在《非常6＋1》中读题目时的语言。

思考

请写几句清晰发音语言。

_____
_____

7. 精练发音

很少有人认为"精练发音"是一种音韵，实际上，精练的是文字，发音是对文字的表达，所以理论上没有"精练发音"这个音韵。但是培训师授课时，理性内容必须文字精练，而在表述文字内容时的语气决定了讲授的效果和学员感受。于是我提出"精练发音"的概念，其表达方式和清晰发音一样，一个字一个字地说，语气比铿锵发音略弱一些。

精练的文字如果没有相符合的发音，文字的内容就会打折。

精练发音时，肢体动作不需太大，但手势要坚决、果断，动作较快。

◇代表语言：王小丫在《开心辞典》中提问的语言。

思考

请写几句精练发音语言。

总结

任何内容都要配以相符合的情感和肢体语言。很多培训师表达非常重要的内容时，使用了平淡的语气，以致一个好的内容被学员忽略了。

表达的语言选择决定了表达的效果。就像商场的产品陈列一样，好的产品、镇店之宝，一定摆在重要的位置。语言选择就是用不同的语言来陈列不同的内容，让好的内容收到好的授课效果。

第 11 章
培训师肢体语言训练

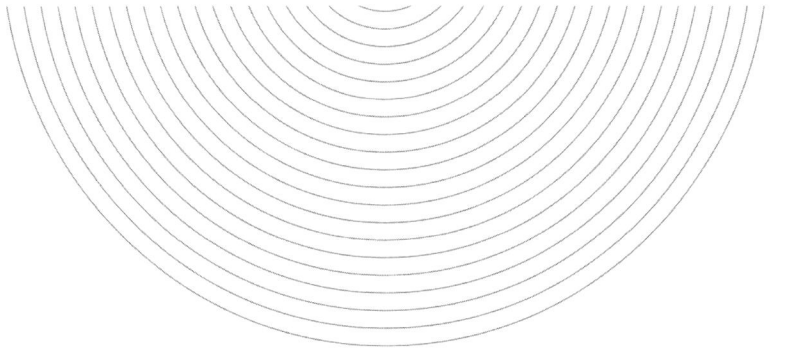

肢体语言的重要性

肢体语言是培训师的重要技巧，会使用肢体语言的培训师和不用肢体语言的培训师相比，课程效果有天壤之别。

前面说过，肢体语言具有改变一个人做决定的能力。

很多不讲课的人，或者课程中不发挥肢体语言作用的培训师，永远无法想象肢体语言原来有这么大的魅力。肢体语言为什么会有如此大的能量？

上一章提到7种专业发音，而每一种发音在使用时，都必须辅以一定的肢体动作来增强效果。所以说，肢体动作是口头语言的补充，肢体语言对发音有不可或缺的辅助作用。甚至有时候，培训师无须多言，只做一两个动作，就能有"此时无声胜有声"的课堂效果。

四大职业手势

手势是培训师使用最频繁的肢体语言，也是体现培训师激情、放大内容能量、缓解培训师紧张、提升培训师气势的必修技巧。

培训师手势有4类：

①指示令；

②数字令；

③相形令；

④情感令。

这4类手势，每类手势如果没有至少100张图片做展示，很难准确表达。建议在肢体语言方面，一定要向专业训练肢体语言的培训师现场学习，接受肢体教练的点评。

1. 指示令

指示令是培训师在课程中邀请人参与、指挥人参与、做出安静指示、暗示人要做某件事情的课程手势。

指示令手势有：

①正前方近、远距离前排指示令；

②正前方近、远距离后排指示令；

③右侧方近、远距离前排指示令；

④右侧方近、远距离后排指示令；

⑤左侧方近、远距离前排指示令；

⑥左侧方近、远距离后排指示令；

⑦行进指示令；

⑧定式指示令；

⑨正手指示令；

⑩侧手指示令。

前两种的手势速度、弧线高度、停顿高度是完全不同的，但是被指示的人能很清晰地接受到，并且感到有必须配合的压力。

指示令是培训师必须掌握的肢体语言，高水平的培训师能在面对台下一万人的情况下，一个指示令下去，让被指示的人能在两秒钟内感受到培训师是在和他交流。如果一个手势下去无人响应，就说明培训师手势功力不够。

高水平的指示令还能做到面对上万人时，一个指示令下去，对方能准确地感觉到培训师是希望他站起来回答问题，还是坐着不动回答问题，或者上台参与。

2. 数字令

数字令是培训师在课程中讲述多个论点时，用手势将每个论点清晰区分的手势。

培训师手势

1. 指示令。
2. 数字令。
3. 相形令。
4. 情感令。

很多时候，在讲一段多个论点时，学员无法清楚地记得有多少项论点，或者无法区分每一项内容，概念模糊。而有了数字令之后，培训师就能让学员更加清晰地区分每项内容。

数字令有：

①一字数字令；

②二字数字令；

③三、四数字令；

④五字以上数字令。

在表达一个内容论点时和表达三个内容论点时，培训师所用的手势是完全不一样的。这个不一样并不是出于培训师个人的喜好，而是出于要适用于不同数字论点、文字结构的需要。当培训师用一种错误的手势表达内容时，自己和学员都会感觉怪怪的，内容表达也不会清晰。

（1）一字数字令手势训练

图11-1 一字令手势

一字令用于要讲的内容只有1个论点。

各位学员大家好！（外张远推）

我要说一件事情：（右手握拳，伸出食指，与右眼高度平齐，手在眼睛前面约30厘米处停下）

周平是个好同志。（右手向天高举，手举得越高，培训师气势就越足，内容对人的冲击力就越强）

◎点评

一个观点的内容就用一字令。这里，培训师用了三个手势：外张远推—右手握拳，伸出食指—高举右手。

请注意，手势有上举——越高越好，也叫"问天"；中举——与头部高度平齐；下行——低于肩膀的手势，也叫"下行手势"；立地——高于腰部的手势，也叫"立地手势"。这在下一节"培训师手势的四个位置高度与三个位置宽度"有详细介绍。

思考

请写出4套"一字令"语言，并附上肢体语言名词和多次练习。

题目1：（　　　　　　　　）

各位学员大家好！　　　　手势：_____

我要说_____手势：_____

_____手势：_____

题目2：（　　　　　　　　）

各位学员大家好！　　　　手势：_____

我要说_____手势：_____

_____手势：_____

题目3：（　　　　　　　　）

各位学员大家好！　　　　手势：_____

我要说_____手势：_____

             手势：_____

题目4：(   )

各位学员大家好！   手势：_____

我要说_____ 手势：_____

_____ 手势：_____

（2）二字数字令手势训练

图11-2 二字令手势

二字令用于要讲的一组内容有2个论点。

  各位学员大家好！（外张远推）

  我要说两件事情：（右拳V字手中举）

  第一，大家在这本书中学了很多理论知识；（左手掌最远左削）

  第二，大家也学了很多实用讲课技巧。（右手掌最远右削）

◎点评

  左手左削，右手右削，合称"大开手"。大开手就要将两只手以最远距离拉开，手势越开，学员对内容印象就越深，这就是用肢体动作放大内容能量的技巧。

如果不用上面的手势：

  各位学员大家好！（抱手：显示培训师傲慢）

  我要说两件事情：（5根手指叉开，像要说5件事情一样）

  第一，大家在这本书中学了很多理论知识；（下行手势）

  第二，大家也学了很多实用讲课技巧。（下行手势）

◎点评

  前面两个手势不用说了，不伦不类；后面两句用了下行手势，两个原本清晰的论点就被表现得没有那么清晰了。

思考

请写出4套"二字令"语言，并附上肢体语言名词和多次练习。

题目1：（　　　　　　　）

各位学员大家好！　　　　手势：_____

我要说_____　　手势：_____

1. _____　　　手势：_____

2. _____　　　手势：_____

题目2：（　　　　　　　）

各位学员大家好！　　　　手势：_____

我要说_____　　手势：_____

1. _____　　　手势：_____

2. _____　　　手势：_____

题目3：（　　　　　　　）

各位学员大家好！　　　　手势：_____

我要说_____　　手势：_____

1. _____ 手势：_____
2. _____ 手势：_____

题目4：(　　　　　　　　)

各位学员大家好！　　　　　手势：_____

我要说_____ 手势：_____

1. _____ 手势：_____
2. _____ 手势：_____

（3）三、四数字令手势训练

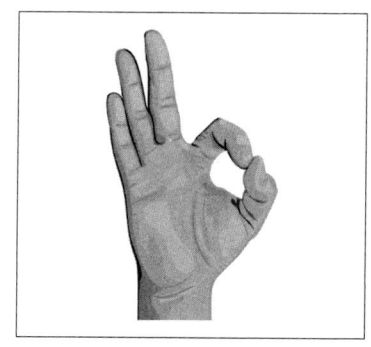

图11-3 三字令手势

"三字令"和"四字令"是指培训师的一组内容有3个论点或者4个论点。

三字令手势训练

各位学员大家好！（外张远推）

我要说三件事情：（右手OK手势中举）

培训师是练出来的；（右拳平右肩中举）

优秀的培训师是训练出来的；（右拳平头顶中举）

只有训练，才能成为优秀的培训师。（右拳上推高举）

四字令手势训练

各位学员大家好！（外张远推）

我要说四件事情：（右手立4根手指，中举）

培训师是练出来的；（右拳平右肩中举）

优秀的培训师是训练出来的；（右拳平头顶中举）

只有训练，才能成为优秀的培训师；（右拳上推高举）

不经过基本功训练的培训师永远无法成功。（右拳上举到最高点）

培训师用阶梯推进式肢体手势，对于激发学员激情、引领学员思维、帮助学员更加清晰地区分内容论点，有很好的帮助。

思考

请写出4套"三字令"语言，并附上肢体语言名词和多次练习。

题目1：（　　　　　　　）

各位学员大家好！　　　　手势：_____

我要说_____手势：_____

1. _____手势：_____

2. _____手势：_____

3. _____手势：_____

题目2：（　　　　　　　）

各位学员大家好！　　　　手势：_____

我要说_____手势：_____

1. _____手势：_____

2. _____手势：_____

3. _____手势：_____

题目3：（　　　　　　　）

各位学员大家好！　　　　　　手势：_____

我要说_____手势：_____

1. _____手势：_____

2. _____手势：_____

3. _____手势：_____

题目4：(　　　　　　　　　)

各位学员大家好！　　　　　　手势：_____

我要说_____手势：_____

1. _____手势：_____

2. _____手势：_____

3. _____手势：_____

请写出3套"四字令"语言，并附上肢体语言名词和多次练习。

题目1：(　　　　　　　　　)

各位学员大家好！　　　　　　手势：_____

我要说_____手势：_____

1. _____手势：_____

2. _____手势：_____

3. _____手势：_____

4. _____手势：_____

题目2：(　　　　　　　　　)

各位学员大家好！　　　　　　手势：_____

我要说_____手势：_____

1. _____手势：_____

2. _____手势：_____

3. _____手势：_____

4. _____手势：_____

题目3：(　　　　　　　　　)

各位学员大家好！　　　　　　手势：_____

我要说_____手势：_____
1. _____手势：_____
2. _____手势：_____
3. _____手势：_____
4. _____手势：_____

（4）五字以上数字令手势训练

"五字以上数字令"是课程中一组内容有5个或5个以上论点时使用的手势。

下面介绍击打手势。击打手势是论点数量超过5个的手势，最多能用到60。

方法是：左手与下颚平，在下颚前方40厘米处，手掌向上平摊，用右手扣起或掰开左手手指。

1～5是右手从上向下扣左手手指：

1是右手将左手大拇指扣起；

2是右手将左手食指扣起，拇指不要松开；

3是右手将左手中指扣起，拇指、食指不要松开；

4是右手将左手无名指扣起，前面手指不要松开；

5是右手将左手小拇指扣起，左手握拳。

6～10是右手向外掰左手指：

6是右手将左手小拇指向外掰开；

7是右手将左手无名指向外掰开；

8是右手将左手中指向外掰开；

9是右手将左手食指向外掰开；

10是右手将左手大拇指向外掰开。

左手一根手指等于数字"1"，右手一根手指等于"10"：

11是右手大拇指扣起，再用右手扣左手大拇指；

12是右手大拇指扣起，再用右手扣左手大拇指和食指。

数字令手势在课程中非常多见，几乎每5分钟就能用上数字令。数字令能帮助提升要讲的内容的能量，被称为"课程内容放大器"。

思考

请写出1套"六字令"语言，并附上肢体语言名词和多次练习。

题目：（　　　　　　　　）

各位学员大家好！　　　　　手势：_____

我要说_____　手势：_____

1. _____　手势：_____

2. _____　手势：_____

3. _____　手势：_____

4. _____　手势：_____

5. _____　手势：_____

6. _____　手势：_____

请写出1套"八字令"语言，并附上肢体语言名词和多次练习。

题目：（　　　　　　　　）

各位学员大家好！　　　　　手势：_____

我要说_____　手势：_____

1. _____　手势：_____

2. _____　手势：_____

3. _____　手势：_____

4. _____　手势：_____

5. _____　手势：_____

6. _____　手势：_____

7. _____　手势：_____

8. _____手势：_____

3. 相形令

课程中有很多描绘性内容，需要用手势比画其外形，需要用到"相形令"手势。

课程中，相形令的使用频率比指示令、数字令高。相形令手势能推动内容与学员思想的对接，能帮助学员增强对内容的感知。

这种语言不好描绘，都是教练亲手教，并通过辅导加以训练的。

4. 情感令

培训师课程中情感手势越丰富，学员的收获就越大。

情感令能帮助培训师更好地抒发情感，让培训师的语言在手势带动下与内容绝对应景，推动学员心理与培训师心理的联动。

这种语言也不好描绘，需要教练亲手教，通过辅导加以训练。

> **总结**
>
> 没有肢体语言的培训师，课程内容再好也无法让学员注意力时刻集中。而肢体语言丰富的培训师在讲一个重要的内容时，学员都会觉得这个内容太重要了。
>
> 培训师的激情、培训师的风采、培训师的幽默、培训师的气场等，都在肢体语言中展现。

培训师手势的四个位置高度与三个位置宽度

培训师手势的位置直接影响着学员对内容的记忆和接受度。手势位置与内容相符合时，会成倍提升授课的质量。反之，如果手势的位置与内容需要的位置不一致,学员就纠结了。因为无声语言(肢体语言)比有声语言更有冲击力,也就是说,对你说出的内容和你做的动作,学员的学习识别能力会以动作为主,若两者不相符,那内容的教育价值就低了。

总的来说,培训师手势有四个位置高度和三个位置宽度,每个位置都有绝对的教育代表性和对听众的冲击力。

1.培训师手势的四个位置高度

(1)第一高位:头部以上位置

图11-4 左、右第一高位

培训师把手放在头部以上是最热情、最豪放的,手势大大提升了培训师的热情,对凝聚学员注意力、提升学员学习兴趣、增强学员对培训师的教育信任度有非常大的帮助。

通常培训师手高声音高,手低声音沉。培训师在授课中,讲到心潮澎湃时,讲到重要内容时,讲到热血沸腾时,讲到慷慨激昂时,手会在头部以上。而学员也会跟随培训师的情感进入其思想境界,最后达到师生注意力和情感一致的最佳授课效果。

战斗中,军官将手枪举到头顶,大声喊:"战士们,冲啊!"那接下来的场景就是战士如猛虎下山、大坝泄洪般快速前进。

动员大会上，领导们总是慷慨激昂，双手高举外张地发言。下面的听众个个都被激发得摩拳擦掌，跃跃欲试。这样的手势与声音的完美结合，才能起到最佳的发言效果。

一般而言，拓展教练、激励课程培训师、问题分析与解决类课程培训师等，在讲到需要的成果和杜绝出现的结果时，手一定会放到头部以上。也有不用情感讲课的老师，如"考勤类"培训师（不考虑课程质量，只管讲完内容的培训师），其授课效果就会与前者截然不同。

培训师开场："各位学员，大家好！（双手高举外张）"此时培训师的热情一定会换得所有学员大声喊："老师好！""好！很好！非常好！"

培训师说："今天，我给大家带来我们工作中遇到问题的解决课程。（右手高举，声音较大）"学员此时的表情则是对内容的期待。

培训师继续说："我要解决的第一个内容是：你们的手下对工作不热情的问题、对岗位不尊重的问题。（语气慷慨激昂，右手两次超过头顶）"所有学员的注意力都会凝聚，绝对没有学员会抱着质疑、观望的态度学习。

◎点评

仅仅三句话，20秒的时间，课程就直接推到了高潮。

◇训练：请针对上面的语言和手势进行连续10次以上的模拟训练。

（2）第二高位：头部平齐高度位置

图11-5　左、右第二高位

双手或单手在头部平齐位置上下左右做手势，这样的动作体现了培训师胸有成竹，表明其是经过深思熟虑进行授课的，有助于增强学员对培训师和其课程内容的信任度。

同时，在授课中把手放在头部平齐位置做动作，有助于提升培训师的逻辑思维能力和临场发挥能力。而且，这个高位的手势伴随的语言往往具有坚定的语气、浑厚的气势，对学员的冲击力会非常大。

反之，当培训师讲一个专业内容时，如果手在头部以上，学员会感觉培训师有吹嘘嫌疑；如果手在头部以下，学员又会认为内容不重要，或这些内容不是源自培训师自己的研究，只是拾人牙慧，从而失去对培训师的尊重与信任。

培训师："如何让我们的员工热爱工作，让员工尊重岗位？（左手在头部左侧外面推一次，右手向头部右侧外面推一次）"这时所有学员都会静悄悄地期待培训师给出答案，绝对不会有学员在考虑别的问题。

培训师："首先，（手在头以上，声音具有爆发力）我们在座的各位管理者一定要公开、透明、平等地对待你的下属，（声音略低,右手在头部高度右侧往前推三次,形成气势)你的下属才会觉得在工作中是公平的,才会觉得你是公正的,才会觉得公司管理与考核是透明和平等的。(左手在头部左侧连续向前推三次)"这时,不会有任何人走神,不会有任何人质疑内容,也不会有任何人说内容老旧。

◎点评

其实这个内容本身就非常老旧,但是这样的课程必须使用。如果在讲这个内容时没有这样的手势动作,学员的第一感觉就是天下培训师都一样;而借助这个手势表达出来的内容,则完全吸引了学员的注意力,没人会说"这内容全都是老一套,我们20年前就知道了"。

请反思:为什么同一班学员同一个内容,肢体语言正确和肢体语言错误的情况下,学员感受会出现如此大的反差?唯一的原因就是,肢体语言正确产生的士气能带领学员进行正向思维,而肢体语言不到位甚至完全错误,就会随之产生声音较小、语气不坚定,让学员感到培训师底气不足,认为培训师讲的内容只是在书上看到或者在其他课程上听别的培训师说的,而不是出自他的经验和管理心得。

◇训练:请针对上面的语言和手势进行连续10次以上的模拟训练。

(3)第三高位:腰部以上肩部以下位置

培训师在讲课中把手放在腰部以上,可以体现自己平易近人,让学员认为自己是有情感的培训师。这样的培训师在授课中最容易快速与学员拉近距离。

图11-6 左、右、正第三高位

　　同时，培训师的手在胸前翻转，做出"掏心掏肺"的动作，学员会感受到培训师在用心讲课。对于不太懂得在授课时合理"用气"和不懂得正确使用"丹田发音"的培训师，手不停在胸部运动，有助于推动丹田发音，使音质浑厚、语言质量较高，对学员的记忆和思维产生较大的正面影响，也减少了咽喉发炎几率，减轻了授课疲劳感。因为丹田发音只需要嗓子用三分之一的力量发音，就具有和普通发音同样的声音量。

　　另外，嗓子发音授课时，由于声线较窄、声音较尖，容易让学员产生听觉疲劳；而丹田发音却有浑厚的音质、极具情感的语调、高低起伏的音韵，不仅不会造成学员的听觉疲劳，反而增添了听课的舒适感、轻松感。

培训师声音比之前略低一个音调，发自内心地说："各位企业管理者，你们试想一下，（左手掏胸）如果你们是下属，（继续左手掏胸）你的领导对你的管理中，没有公开、没有透明、没有公平，你还会热爱工作吗？你还会热爱岗位吗？（连续左手掏胸）我想你们心中的答案是否定的。（左手在胸前推到最远处，很有力量很稳重地停下来）

"既然你们知道这个答案，既然你们知道这个结果，（右手连续两次掏胸）既然你们知道公开、知道透明、知道公平在管理中的重要性，（右手连续三次大力前推，给学员很兴奋、很激情的感觉，以形成学员的同理心）就请在座的各位管理者营造一个公开、透明、公正的管理氛围！（提高声音，手在头部）就请在座的各位管理者还给手下一个公开、透明、公正的工作环境！（更高音，手举过头顶）"

◎点评

四段话，三种手势，分别是胸部第三高位和头部第二高位及头顶第一高位。三种语言情感、三种不同手势形成的气势推动了课程气氛，加强了学员情感。此时，绝对不会有一个学员走神，也不会有一个学员对课程和培训师产生负面评价。

◇训练：请针对上面的语言和手势进行连续10次以上的模拟训练。

（4）第四高位：腰部以下位置

手在腰部以下位置是培训师手势的禁用位置。很多培训师肢体语言极度不专业，经常将手放在腰部以下位置。你可以尝试双手臂下垂说一段三句以上的话，然后将手放在腰部与肩部之间的位置用同样的语音、语气、语速再说一遍，自己找找两者的差距。你会惊奇地发现后者感觉比较沉稳，前者听上去没有气势。

手垂到腰部以下，往往是下级与上级交流时，由于没有信心和勇气，被动听话和试探性说话时使用的。

培训师若在课堂上使用了低于腰部的手势，如果学员级别较高、自信心较强，瞬间就会降低培训师在其心中的地位，对学习的信心也会随之下降，相应地，培训师的信心也会下降，课程向失败与消极方向发展。

图11-7　左第四高位

上级批评下级时，手一定是在第二和第三高位上，而被批评的人往往是垂着手，小声音、少文字地应答。两者的气势从手势中就得到了充分体现。

课程也是一样，当培训师的手势保持在第二和第三高位的时候，对学员的震撼力就会增加，学员的配合度就会加强；反之，培训师的手在第四高位时，声音就变得小而低沉，课程氛围就会沉闷。

我初中时有个老师，他总是分着腿，垂着手给我们讲课，除了拿讲义和写黑板时手在腰部以上，其他时间手全在腰部以下。全班没有一个学生能感受到他的热情和气势，课堂上走神、打瞌睡、东张西望、私下聊天者大有人在。

◎点评

培训师手低则气势低，学员注意力和学习兴趣也随之下降。在商业培训中，培训师失去了气势就会失去学员的好评；更重要的是，学员失去了学习兴趣，就会影响听课的质量。

2.培训师手势的三个位置宽度

每只手都有三个位置宽度，也就是说课程中无论是左手还是右手，无论处在四个位置高度的哪一个，都有三个宽度位置。

（1）左手手势的三个位置宽度

①左手第一身位：身体正面左侧手能伸到的最远范围。左手在身体正面的左边运动，这样的手势能增加培训师对课程内容的情感，会影响到课室左边的学员。

②左手第二身位：身体正面前面的位置，远度不计。用这个身位的手势会对正面的学员传递内容和情感。

③左手第三身位：身体正面右侧左手能伸到的最远范围。这个身位往往需要培训师整个身体向右略转，培训师的语言和情感主要面对的是右边的学员，课程内容的情感就向右边的学员做了有效传递。

（2）右手手势的三个位置宽度

①右手第一身位：身体正面右侧手能伸到的最远范围。右手的第一身位是右手在身体正前方的右边运动，这样的手势能增强培训师对课程内

容的情感，能有效影响教室右边的学员。

②右手第二身位：身体正面前面的位置，远度不计。用这个身位的手势会对正面的学员传递内容和情感。

③右手第三身位：身体正面左侧右手能伸到的最远范围。这个身位需要培训师身体向左略转，面向教室左边的学员，有效向左边的学员传递内容和情感。

有人会问，这样的手势会不会过于复杂、难以掌握？其实非常简单，在PTT高级班课程中，一个小时不到的训练就能掌握并形成习惯。当然，也可以在家自学练习。

> **总结**
>
> 双手在表达不同内容时必须配合相应的位置高度和宽度进行授课。位置高度决定了内容情感和要传递的课程质量效果；位置宽度决定了对教室前方左中右座位学员的影响。手推向哪个方向的时间比例越多，那个方向的学员注意力就越高，课程效果和质量就越好；反之，培训师的手势和面部面对哪个方向的学员时间比例越少，那个方向的学员注意力就越低，课程质量和效果也就越差。

教室布置决定培训师步法

培训师离学员多近，学员的心就离培训师多近；培训师离学员多远，学员的心就离培训师多远。所以培训师在课堂上的频繁走动就成为与学员拉近关系的好方法。

1. 培训师步法多因桌椅摆放而定

（1）双套U型教室

特点：适合20～60人或100人左右的研讨会。培训师走动空间大，能随时观察到现场学员情况，最能集中学员注意力。

如图11-8所示，中间是主要走动区，大U与小U之间的距离足够宽，也是主要走动区。竖摆的条桌能无限延长。这样的教室，学员交流机会多，学员互动环境好。

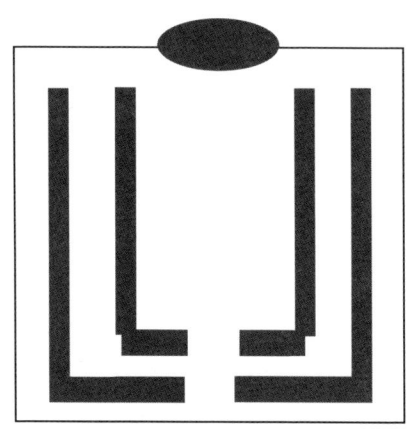

图11-8 双套U型教室

（2）岛屿式、研讨式教室

这是学员注意力最不容易集中的教室。

这样的教室坐的人很少，大家坐姿比较随意。中间只有很小的地方可供走动。这种教室一般为多给学员提供相互交流的机会而设。

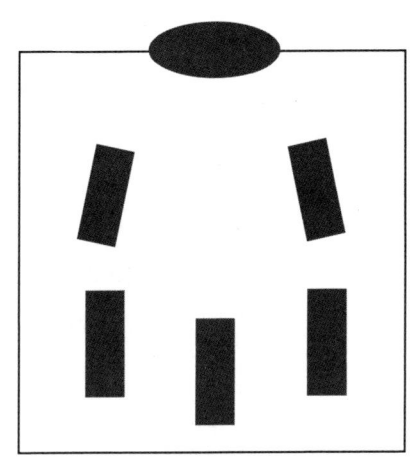

图11-9 岛屿式、研讨式教室

（3）排组式教室

这种教室座位多，环境整洁。培训师在过道中走动空间大，学员一点点注意力不集中都能被发现。学员交流机会少，没有互动环境。

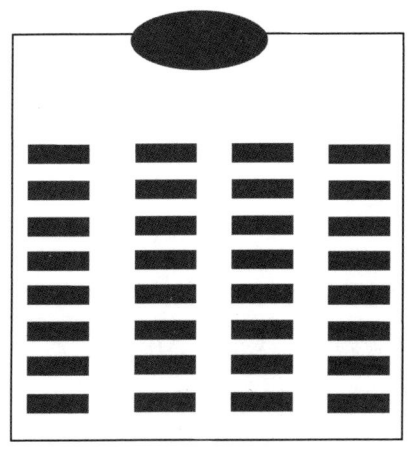

图11-10 排组式教室

（4）圆桌式教室

这种教室可用于小型会议和讲课。

这种教室没有互动环境，学员无法讨论；没有培训师走动空间，因此，学员注意力不好集中。

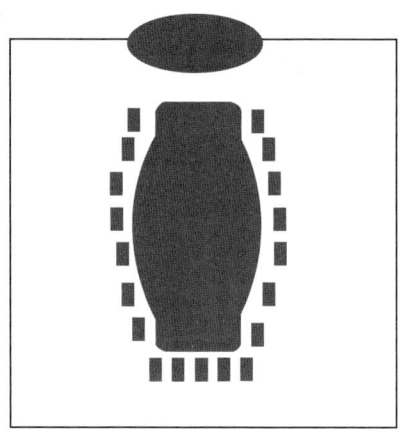

图11-11 圆桌式教室

（5）无课桌教室

在这样的教室培训师无法走动，最多以提问展开互动。此时培训师的声音一定要洪亮，否则课程就容易沉闷。

（6）大会议室、电影院

这种教室没有互动环境，学员相互交流少，无法集中注意力。培训师只能在台上走动，课程氛围一定沉闷。

2. 教室布置的重要性

课程开始时，教室的布置形式就已经决定了课程的氛围，除非授课的是非常有名气的培训师，否则，中等层次培训师的授课氛围一定会受教室布置的影响。

如果培训师在教室里不能随意走动，那他与学员的交流会受到很大限制，从而影响到课程的氛围和教学的质量。

> **总结**
>
> 课程内容的讲授效果与场地情况有很大的关系。当有些内容必须在特定场地讲授时，场地达不到标准，就会降低课程质量。我在20年职业培训师生涯中，从来不会挑剔培训机构和受训企业安排的食宿，但是在场地要求上却从不让步，因为场地是授课质量的重要保证。

注意课程中的形体

培训师授课时的形体好，能提升亲和力，激发学员情感，也能放大课程内容。因此，课程中的形体美也是优秀培训师的重要评价参数。

具体来说，培训师形体的作用有：

①内容与形体应景，提升学员对内容的接受度；

②展现培训师的刚毅、优雅、正气与美；

③展示培训师的亲和力，拉近培训师与学员的距离；

④减轻培训师身体劳累、疲倦与病痛。

培训师形体很难直接通过文字描述达到训练效果，因此本书中不做详细介绍。

眼神和表情规范

培训师与学员的眼神交流，是尊重学员的存在、时时向学员表达你关注他的技巧，也是培训师及时发现课程问题的核心技巧。

很多培训师在课程中过于投入，忽略了学员的感受，与学员没有眼神交流，严重降低了课程质量。

1. 时刻关注学员神情与坐姿变化

课程中学员睡觉、聊天、走神等非课程正常元素的产生，都是培训师不关注学员感受、未能激发学员正面感受造成的。很多培训师过分投入于课程内容，不懂得用"七分专注/三分关注"的区分法授课，对课堂上发生的事情没有准确的预判。

七分专注/三分关注，是指培训师在授课时，将70%的注意力用在课程内容的思考与发展上，留出30%的精力来关注学员感受、调整技巧、保证学员在课程中百分之百处于自己的掌控之中。

七分专注：对于原本非常熟悉的课程，课前再做一些备课，培训师在课程中即便不动脑筋也都能顺势完成。那么，课程中把70%精力和专注度用在内容衔接、语言艺术、互动技巧展现、走位、提问等，对于培训师而言，是很容易的事情。

三分关注：培训师要时时刻刻关注学员坐姿是不是自己计划的和能接受的，是否出现课程沉闷或者部分人精神倦怠，是否有学员注意力不集中，是否出现学员瞌睡先兆等，一旦发现这些非计划内因素，就要及时调整，用前面介绍的种种技巧掌控课堂局面。

2. 眼神交流让学员注意力高度集中

优秀的培训师脖子像摇头扇一样灵活，说的是课程中培训师需要环顾四周，持续关注课堂的每个角落。一个200人的课堂，经验丰富的培训师会每分钟全场扫视一次，一旦发现某人出现了精神倦怠，通常会对那个人进行与课程内容有关的提问。

就我个人而言，一个200人的教室，我会从心里将200人分成10个学习区。课程中的提问、走动、学员互动、拿学员举例等，我都会以这10个学习区为单位。只有这样，才能保证一天6小时课程中，完全没有一个人走神。

> **总结**
>
> 培训师的眼神和表情,是最无法教授的技巧,也是高水平培训师的秘密武器。
>
> 高水平培训师与专业知识强但是没有授课艺术的培训师,也许就相差在这点点滴滴看似不经意却于细微处有成效的技巧上。
>
> 这样的技巧更适合向教练学习,书本上能学习到的不多。培训师在课程中也应偶尔停顿片刻,关注一下自己的这些细节。

不规范的肢体动作是健康的大敌

不规范动作一:培训师课程中站在讲台上6小时,除了课间休息时走走,其他时间都站着不动。

我的一个朋友,做了10年的培训师,讲课时从来都是站在那里不动,而且还站得笔直,结果才37岁,就患上静脉曲张。

正确的方法:随内容而走动,三句两句一步法,讲到激情时还要跺跺脚。走2分钟后,站在一个好的、适合照相的位置,以一种优雅的姿态讲2分钟。

不规范动作二:培训师脖子不会转,一天课程下来颈椎像树干一样硬。

正确的方法:课程中每1~2分钟把学员全看一遍,这样等于每1~2分钟就从左到右扭了一遍脖子,再低头看看最近处的学员,然后抬头看看远处的学员。

这样,一天的课程下来,不是在讲课,而是在做轻微的颈椎运动。

不规范动作三:培训师一天课程保持手势下垂,没有手势,于是肩膀就疼。

正确的方法:在课程中一直保持手部动作,手势越快越显出激情,幅度越大越能感染学员。一天的课程下来，等于做了一天的扩胸运动。

不规范动作四：讲课一天腰会痛的，多半是没有亲和力的。

正确的方法：课程中时不时走到学员面前，弯下腰看看学员的笔记，低下头给学员一个微笑，时不时侧下身说："可以问你一个问题吗？"如果一天课程中，每10分钟有1~2次腰部运动，怎么会腰痛呢？

> **总结**
>
> 肢体动作不规范容易造成身体病痛。好好练习肢体语言，用丰富的肢体语言讲课，学员学到了知识，你也锻炼了身体。

第12章
8场高标准讲课演练

本章将提供很多表格，目的是为培训师们提供一个自我提升的规范方向。

一位授课技能全面的培训师，必须进行以下8场高标准的讲课技巧演练——

第1场：90秒即兴强行填词规定技巧讲课训练；

第2场：4分钟定向规定技巧熟悉级训练；

第3场：6分钟定向规定技巧高度级训练；

第4场：8分钟定向规定技巧高度、深度训练；

第5场：6分钟理性专题风格授课技巧训练；

第6场：6分钟感性专题风格授课技巧训练；

第7场：6分钟互动专题风格授课技巧训练；

第8场：15分钟综合风格定向规定技巧授课训练。

我进行专业讲师培训600余场，在我这里学习过讲课技巧的培训师有3万人以上，其中商业性职业培训师就超过1600人。为了保证学员授课技巧现场有进步，保证学员们逐步全面完善讲课技巧，我们为参加18天PTT国际专业讲师培训高级班的学员安排了每人8场上述演练。

学习授课技巧像学习骑自行车一样，学会并经过演练合格后，就会永久掌握，且能够在课程中频繁使用。

多年来我们总共开设了9期PTT国际专业讲师培训高级班，286位培训师，所有人都参加了90秒即兴强行填词规定技巧讲课训练，这一训练以5个规定技巧、3个基本要求为标准。学员们通过演练，提升了自己的胆量、语言组织能力、内容逻辑组织能力等。

在9期高级班中，很多以前参加过学习的培训师，还多次重回授课现场，进行一次8分钟、12分钟、15分钟不等的规定技巧讲课演练。要知道这样一场演练，他们很多人花的代价都是3000元以上的交通、食宿费开支，可他们觉得值得。

中国第三期PTT国际专业讲师培训高级班学员——韩玉杰老师，任大连某企业内部培训师、培训经理。

在8分钟定向规定技巧高度、深度训练中，他使用42个授课技巧、17种表演语言，简单讲解13个内容点，所有学员互动11次，运用案例、故事6次，收到所有人鼓掌5次、所有人同时欢笑3次的效果。

这段授课录像被很多培训师用于案例分析、点评的视频教材。

由于现在是通过书籍学习，读者无法参加正常的训练，没有现场的压力感，也没有眼神交流与互动，因此会降低训练标准和质量，但我还是希望大家能勤学苦练，自学成才。

切记：如果你计划要训练，就一场一场地训练，循序渐进，不要跳级，这样才能达到最佳效果。

第1场：90秒即兴强行填词规定技巧讲课训练

训练要求：

①训练时间：90秒，准备时间：2分钟；

②随便从某本非培训书中翻到某页第一段落，以第一句话为演练题目；

③从另外三本书同一页（如第52页），同一行（如第10行），各挑一个内容，作为讲课的小节内容；

④走动超过5米远，方向、路径自己定；

⑤双手在腰部以上；

⑥有感性素材；

⑦2次所有人的互动；

⑧60秒时提示时间，70秒再次提示；

⑨85～90秒退回起步点，鞠躬道谢；

⑩训练结束后，马上填写自我评价表（见表12-1），6分钟内写完。

这样的训练自己练20次，如果有录像或者相互训练更好。

点评要求：

①肢体动作的要求：不能分腿站立；手不能放到口袋、背后，更不能放在腰部以下。

②走动与退回时，不能背对任何一个学员。

③微笑，适度紧张。

④内容组织能力、理论性级别。

⑤语言组织能力、语言流畅度。

⑥热情度、音量、气场。

⑦有没有面对学员，面对学员时是否有眼神交流。

⑧感性素材是否够感性，用了几次。（一次就够，两次更好。）

⑨互动水平与次数是否达标。

⑩时间控制是否达标。

⑪课程回顾质量如何。

表12-1 PTT培训师第一次训练自我评价表

姓名：	课题：
三个小节内容： 1. 2. 3.	
授课中，自己最满意的地方： 1. 2. 3. 4.	

（续）

授课中，哪些地方不满意： 1. 2. 3. 4.
授课中，哪些是讲课中临时增加的： 1. 2. 3. 4.
授课中，哪几处计划了，但是没有用上，为什么？ 1. 2. 3. 4.

90秒即兴强行填词讲课训练示例

活动介绍：

90秒：是指讲课时间为90秒钟。

即兴讲课：是指临时抽到一个题目，给60秒钟时间准备，然后马上开始讲课。训练培训师快速组织语言的能力，要求培训师具备讲上句，想下句，同时考虑课程全局的能力；还考查培训师对课程内容教育意义、内容高度、内容深度的掌控。

强行填词：是指90秒课程中，必须加进三个指定的词语或句子。

规定讲课技巧：

①必须有感性内容；

②必须有理性内容；

③必须有两次与学员的互动；

④必须走出去超过三米的距离，并回到讲课的起点；

⑤双手必须全程在腰部以上；

⑥必须全程保持微笑（讲悲哀的内容例外）。

以下课堂实录摘自2011年9月中国第四期PTT国际专业讲师培训高级班实讲内容。

主讲人：蒋莉

抽到的课题是：如何做好村支书

要求填的三个词是：树林、小桥流水、摩登女郎

课堂实录	点评
蒋莉：各位学员大家好！	双手张开。
学员：老师好！	大面积互动很有气势。
蒋莉：我是本次课程的老师，蒋莉。	幅度较大的鞠躬动作。
我的主讲课题是：如何做好村支书。请问小张同学，做好村支书对于提升乡村人民群众的幸福指数重要吗？	提问式互动。走出去两米。
小张：很重要。	
蒋莉：请问所有学员，提升村支书能力与素质对于提升乡村人民群众幸福指数重要吗？	退回原位。
学员：重要！	大面积互动非常有气势。19秒。
蒋莉：是的，做个好的村支书和提升村支书的能力及素质对于提升人民群众生活质量、幸福指数是非常重要的。	定义，理性内容。边走边讲。

我来自西双版纳的一个小山村，村民祖祖辈辈驻守在一片茂密的原始森林旁边，大家都过着清贫但却勤劳、知足的生活。新中国成立后，由于缺乏就业机会，村民总是以盗伐树木来增加收入，基本上每年都会有很多人因为盗伐树木被公安局抓走，少数民族人民与政府关系非常紧张。二十几年前，村委胡支书改善了村里的经济情况和民风，说服和带领村民开荒，现在，一片几千亩的<u>树林</u>成为全村的主要收入来源。而且河流从林间蜿蜒而过，<u>小桥流水</u>，把我们的村庄装点得比城里的公园还美丽。	
现在村里富裕了，教育水平也得到改善，无数孩子到城里上学。大家的经济水平提高后，穿着也时髦了，村里的姑娘们个个变成<u>摩登女郎</u>，为村里增添了一道亮丽的风景。	故事，是要求的感性内容。39秒。
做好村支书其实很简单，一要有经济头脑，二要有带领村民改革的魄力，三要有服务村民的意识，四要有帮助人的胸怀。	理性内容。15秒。
各位学员，请问我们的胡支书是个好支书吗？ 学员：是！	提问式互动。第二次大面积互动。
蒋莉：好的，谢谢各位，如果你们未来有机会做个村支书的话，希望大家做到我说的四点，请大家和我一起说一遍是哪四点？	大声带动学员。10秒。
学员与蒋莉一起：一要有经济头脑，二要有带领村民改革的魄力，三要有服务村民的意识，四要有帮助人的胸怀。	喊口号。15秒。

蒋莉：好的，我的课程到此结束，谢谢各位。

课程总用时：98秒，超时8秒。（注：超时10秒在允许范围内。）

◎点评

蒋莉是个很优秀的培训师，她的感性故事讲得很清晰，很有教育意义和时代意义。3个指定词语也很自然地出现在故事中。

理性内容的4点很清晰，虽然做个村支书不一定只靠这4点，但是因为准备时间短，能快速总结出4点已是不易。

课程互动性非常好，2次一对一互动，3次所有人同时互动，尤其是最后一起喊口号，把课程氛围推到高潮时，课程结束。

本段讲课训练，虽然还算不上经典之作，但是作为标准的教科书案例，绰绰有余。

第2场：4分钟定向规定技巧熟悉级训练

训练要求：

①4分钟讲课训练，题目自拟；

②准备时间：3小时以上；

③3次走到教室最深处，超过20米的总距离，走到一半回来的距离不算。

④3个内容点（理性）；

⑤故事、案例至少1个（感性），40秒完成；

⑥双手保持在腰部以上，不能分腿站立；

⑦2次所有人同时互动，鼓掌、问好之类的互动不算；

⑧唱歌、游戏等活动至少1项，40秒完成；

⑨4次以上一对一互动；

⑩有抓住学员思想的技巧；

⑪有课程回顾；

⑫3分钟提示时间，3分30秒再次提示，3分50秒～4分回到讲课起点，鞠躬答谢；

⑬训练结束后，10分钟内填写自我评价表（见表12-2），并请他人填写D表（见表12-3）。

点评要求：

①走动量、次数，是否分腿、屈腿、稍息腿。

②理性内容数量、高度、深度。

③感性内容是否足够感性。

④是否与学员有表情交流。有表情交流时，是否是与学员微笑交流。

⑤大面积互动次数，氛围如何。

⑥一对一互动次数，是否有让学员坐下和答谢参与的人。

⑦唱歌、游戏等是否完成，质量如何。

⑧课程的思想、深度、高度怎样。

⑨课程上半场、下半场的热情程度各如何。

⑩是否能牢牢抓住学员思想。

⑪其他评价。

表12-2　PTT培训师第二次训练自我评价表

姓名：	课题：
今天我感觉好的： 1. 2. 3. 4.	

(续)

今天我感觉差的： 1. 2. 3. 4.
今天哪些计划了但没有讲好和没有讲到的，为什么？ 1. 2. 3. 4.
今天哪些是灵感突然涌现和超常发挥的？ 1. 2. 3. 4.
下次训练我要重点注意哪些？ 1. 2. 3. 4.

表12-3　PTT培训师训练评价表（D表）

培训师：	课题：	点评人：
课程中培训师使用的技巧，请在（　　）中画"正"字，记录使用数量。 走动（　）　肢体（　）　微笑（　）　理性（　）　感性（　） 提问（　）　奖品（　）　板书（　）　故事（　）　案例（　） 开场三问（　）　开心金库（　）　三、四、五组合问话（　） 学员记录（　）　现场调查（　）　道具使用（　）　大面积互动（　） 其他技巧（　　）（　　）（　　）（　　）（　　） （　　）（　　）（　　）（　　）（　　） （　　）（　　）（　　）（　　）（　　）		
今天培训师非常好的表现： 1. 2. 3. 4.		

（续）

今天培训师可以改进的地方： 1. 2. 3. 4.
下次讲课建议培训师注意以下事项： 1. 2. 3. 4.
我对培训师的综合性评价：

4分钟定向规定技巧熟悉级训练示例

课题：压力解析

主讲人：蒋莉

大纲：

一、急性压力

二、间歇性压力

三、慢性压力

课堂实录	点评
蒋莉：各位学员大家好！	双手展开。
学员：老师好！	
蒋莉：我是本次课程的老师，蒋莉。	较大幅度的鞠躬动作。
很高兴今天能跟大家一起分享这个主题：压力解析。	
首先给大家带来一个小故事：有一支淘金队伍在	

沙漠中行走，大家都步履维艰、痛苦不堪，只有一个人快乐地走着。别人问："你为何如此惬意？"他笑着说："因为我带的东西最少。"这个故事想告诉大家，压力就是那些使人感到紧张的事件或环境刺激。

请问各位，在生活和工作中，我们是不是时常不得不面对那些使我们感到紧张的事件或环境的刺激呢？

学员：是！

蒋莉：既然压力是我们必须接受的，那么正确认识压力的类型重不重要？

学员：重要！

蒋莉：想不想学习？

学员：想！

蒋莉：要不要掌握？

学员：要！

蒋莉：掌声邀请好不好？

兵来将挡，水来土掩，要想正确应对压力，首先要对解析压力的类型。压力分三种类型：急性压力、间歇性压力、慢性压力。

潘永华同学，我可以请教你一个问题吗？

潘永华：可以。

蒋莉：周平老师让我转告你，下一场8分钟定向规

	边讲故事边从容走到教室最深处。28秒。
	边说边慢慢地向讲台退去。
	掌声响起。蒋莉退到教室中央，双手打开。20秒。
	配合击打手势。边说边走到潘永华面前。
	边说边从容地走向教室最深处。18秒。

定技巧高度、深度训练你打头阵，请问你现在什么感受啊？

  潘永华：啊，紧张，非常紧张！   10秒。

  蒋莉：淡定，淡定！   拍拍脑袋，语气变得放松，此刻停顿了一下。

  是我记错了！首发出场的应该是邓宏同学。   边说边走到邓宏旁边，并用左手掌向邓宏示意，接着右手打开指向潘永华。

  请问潘兄，你现在还紧张吗？   9秒。

  潘永华：不紧张了，估计现在是邓宏同学紧张了。   全体学员大笑。

  蒋莉：谢谢潘永华同学。请问邓宏同学，你现在的感受是什么？

  邓宏：今夜难眠啊！

  蒋莉：谢谢，看得出邓宏同学有多么紧张，对你的首发出场深表同情！好，掌声鼓励一下。   全体学员鼓掌回应。12秒。

  看来学习PTT是如此痛并快乐着。显然，在周平老师面前展示和练习对我们每个学员来说都是一种毋庸置疑的急性压力。   全体学员再次大笑。

  急性压力是指由近期事件引发的压力，它有一个显著的特点：虽然冲击力很强，但事件消失，压力消失，持续时间短。所以邓宏请不要着急，早练早修仙。

这样吧，送君一席话，与君共勉，请大家一起跟我朗诵——	25秒。
PTT是魔。	双手展开，用煽情的语言带领大家朗诵，声音落下，掌声响起。16秒。
学员：PTT是魔。	
蒋莉：让我痴。	
学员：让我痴。	
蒋莉：让我癫。	
学员：让我癫。	
蒋莉：我爱魔。	
学员：我爱魔。	
蒋莉：下面来看看间歇性压力。梁河山同学，可以请教你一个问题吗？	边说边走下讲台，来到梁河山同学面前。5秒。
梁河山：可以。	
蒋莉：听说你是典型的"月光族"，不妨让我给你把把脉吧，看看你的压力指数？	
梁河山：行啊。	
蒋莉：请问梁兄，你每个月的心情会不会像天上的月亮，	把手搭到梁河山的脉上，故意停顿了一下。她的提问引发学员大笑，搞得梁河山似懂非懂。接着蒋莉故意压低声音。

初一十五不一样？ 梁河山：哦，会。	12秒。 学员又一阵大笑。
蒋莉：肯定？ 梁河山：肯定，确定，以及一定！	学员再次狂笑。
蒋莉：哎，梁兄，从面相上来看，你间歇性承受着折磨，这种折磨就是间歇性压力。这种压力危害较大，严重时会变成习惯性焦虑。梁兄，为了你的健康，让我给你开个方子吧？（掏出一张字条，慢慢打开。）	
开源节流，改变消费习惯，压力源消除，方可痊愈。	语气从容。
预祝梁兄的心情早日像太阳，初一十五都一样。	煽情感情语言。再次引发学员大笑。27秒。
相思愁，望眼欲穿，肝肠寸断，愁相思。	柔情感性语言。再次走向教室最深处。4秒。
吴奇志老师，我可以请教你一个问题吗？	边说边走到吴奇志面前。
吴奇志：可以。	
蒋莉：你患过相思病吗？	学员大笑。
吴奇志：啊？嗯，嗯，患过！	
蒋莉：看来吴老师需要一点时间去穿越，谢谢吴老师的配合，掌声鼓励！	学员鼓掌。11秒。

| 相思病是一种典型的慢性压力状态，看似平常，不足为奇，但好比温水里的青蛙，开始青蛙还可以自由地游荡，当水温到达一定程度之后，就可能致青蛙于死地。慢性压力，危害指数甚高，怎一个"慢"字了得。落到温水里的青蛙，要懂得及时自救！ | 语气变得凝重，全体大笑。19秒。 |

说到这里，大家应该对三种压力状态有清晰的认识了。好，让我们来做一个回顾。曹俊同学，可以请教你一个问题吗？

曹俊：可以。

蒋莉：请问压力分哪三种类型？

曹俊：急性压力、间歇性压力、慢性压力。

蒋莉：谢谢。请问大家，曹俊同学答得对吗？

学员：对！

蒋莉：请大家重复一遍。

学员：急性压力、间歇性压力、慢性压力。

蒋莉：谢谢！以上就是我们今天学习的重点。如果大家对怎样克服、缓解压力有兴趣，敬请期待下期课程预告，后会有期！

22秒。边说边退回讲台，深深鞠躬致谢。11秒。课堂总用时：249秒，约4分钟。

第3场：6分钟定向规定技巧高度级训练

训练要求：

①6分钟讲课训练，题目自拟；

②准备时间：一个晚上；

③3次走到教室最深处；

④5个内容点（理性）；

⑤3次大面积互动（训练、游戏、口号各1次，40秒内完成——早上好、掌声不算）；

⑥感性元素（故事、案例各1次），每次40秒内完成；

⑦快乐元素（唱歌、游戏）保证1次，40秒内完成；

⑧保证课程内容的教育意义，让所有学员学到知识；

⑨全场保持微笑；

⑩开场三问、三组合问话、四组合问话、五组合问话各1次；

⑪使用4种肢体语言；

⑫课程4分钟第一次提醒，5分钟第二次提醒，5分30秒第三次提醒，进入课程回顾，6分钟时回到讲课起点地方，鞠躬答谢；

⑬讲完课程后，填写自我评价表（见表12-4）。

点评要求：

①培训师站姿，走动质量；

②理性高度、深度，内容战略性、创新性；

③形式感性、语言感性水平；

④大面积互动完成得如何；

⑤所有规定技巧的使用水平；

⑥课程中的闪光点、优点；

⑦课程中做得差的几点；

⑧培训师的气场、热情度；

⑨培训师紧张感；

⑩其他评价。

表12-4 PTT培训师第三次训练自我评价表

姓名：	课题：
今天我感觉好的： 1. 2. 3. 4.	
今天我感觉差的： 1. 2. 3. 4.	
今天哪些计划了但没有讲好和没有讲到的，为什么？ 1. 2. 3. 4.	
今天哪些是灵感突然涌现和超常发挥的？ 1. 2. 3. 4.	
下次训练我要重点注意哪些？ 1. 2. 3. 4.	

6分钟定向规定技巧高度级训练示例

课题：目标设定的SMART原则

主讲人：蒋莉

大纲：

一、specific——目标要明确清晰

二、measurable ——目标要可以量化

三、attainable ——目标具有挑战性、可达性

四、relevant ——目标要将组织与个人发展结合起来

五、time-table ——目标要有时间性

课堂实录	点评
蒋莉：各位学员，大家好！	双手展开。2秒。
学员：好，很好，非常好，yeah！	大面积互动很有气势。3秒。
蒋莉：我是本次课程的老师，蒋莉。	较大幅度的鞠躬动作。2秒。
请问龙立夫同学，你认为目标设定的SMART原则在工作和生活中重要吗？	边说边徐徐走下讲台。
龙立夫：重要！	
蒋莉：请问徐翔同学，你认为目标设定的SMART原则在工作和生活中重要吗？	
徐翔：重要！	走到教室最深处，然后从容地往教室中央退。12秒。
蒋莉：请问各位同学，你们认为目标设定的SMART原则在工作和生活中重要吗？	
学员：重要！	6秒。
蒋莉：为了加深对SMART原则的认识与了解，今天将采用全新的体验方式授课，期待吗？	

掌声有请!	热情洋溢的语气。双手展开。全场响起热烈的掌声。8秒。
思维变,行为变;行为变,结果巨变。投入的效果直接决定每个人收获的效果。	7秒。小计:40秒。
所以,请大家一起跟我喊句口号:没有做不到的,只有不想要的!	5秒。
学员:没有做不到的,只有不想要的!	6秒。
蒋莉:没有做不到的,只有不想要的!	6秒。
学员:没有做不到的,只有不想要的!	6秒。
蒋莉:谢谢各位对这个大面积互动口号如此给力,下面的游戏还需要各位倾情参与,加油!	学员大笑,蒋莉的热情与幽默显然感染了在场的每一个人。
我们教室里共有34位学员,现在以中线为界,分成左右两组,各自选出队长,拟定队名和口号,然后击掌加油。给大家10秒时间,OK?	8秒。
(接下来,场面经历了混乱、有序、亢奋、激昂的快速转换。)	10秒。
蒋莉:"天下无双队""舍我其谁队"的勇士们,ladies and gentlemen, are you ready?	将一只手放在耳旁,等待大家的回应。

学员：准备好了！ 蒋莉：Let's go!	大声齐呼。 从讲台上轻快地跑到教室中央。7秒。小计：88秒。
这个游戏叫作计时报数，当我开始计时的时候，你们需要做的是从队伍的这头开始依次报数，所报的数只能是1、2、3循环往复，不能出现其他数字，助教监督。如果有一次错报，游戏结束，小组长需要做5个俯卧撑，第二次出错惩罚翻倍。比赛时间为30秒。给大家15秒钟时间准备。	22秒。
（音乐响起，现场气氛热烈，紧张而刺激，15秒时间到，音乐停。）	15秒。
蒋莉：祝大家好运，预备开始！	2秒。
（随着蒋莉一声令下，大家开始依次报数。最后"天下无双队"完美收官，"舍我其谁队"共错三次，按照游戏规则，"舍我其谁队"队长被罚了35个俯卧撑，"天下无双队"队员获得蒋莉精心准备的小礼物，课堂气氛很high。）	游戏30秒。做俯卧撑23秒。小计：180秒。
蒋莉：请大家快速就座，（音乐响起）现在响起的音乐随时可能停下，在停下后还没有坐到座位上的人一会表演节目。	

（只见大家迅速就座，音乐渐停。）	20秒。
蒋莉：贺红伟同学，作为"天下无双队"的队长，请问可以请教你个问题吗？	
贺红伟：可以。	6秒。
蒋莉：围绕我们的提纲，说说你们胜出的理由。	
贺红伟：一、目标清晰——要赢；二、站位时按数字错位站开，报数不容易错；三、自我挑战；四、队长与团队的共赢；五、有时间要求。	11秒。 小计：217秒。
蒋莉：一句话概括一下，好吗？	2秒。
贺红伟：设定必胜的目标，按照SMART实施。	3秒。
蒋莉：各位，请问贺红伟答得对不对？	
学员：对！	
蒋莉：重复一遍好吗？	4秒。
学员：设定必胜的目标，按照SMART实施。	3秒。
蒋莉：下面我给大家讲个小故事。	2秒。
	小计：231秒。
1952年7月4日清晨，加利福尼亚海岸下起了浓雾。费罗伦丝·查德威克准备从太平洋游向加州海岸。	柔声细语。 8秒。
海水冻得她身体发麻，她几乎看不到护送她的船。时间一小时一小时地过去。有几次，鲨鱼靠近她了，被人开枪吓跑了。	12秒。
15小时之后，她又累又冻，浑身发麻。她知道自己不能再游了，就叫人拉她上船。她的母亲和教练在另一条船上，他们都告诉她海岸很近了，叫她不要放弃。但她朝加州海岸望去，除了浓雾什么也看不到……	16秒。

其实，人们拉她上船的地点，离加州海岸只有半英里！	4秒。 小计：271秒。
请问各位学员，导致她半途而废的是疲劳吗？不是！是寒冷吗？不是！目标要看得见，够得着，才能达得到，才会形成动力，帮助人们获得自己想要的结果。 故事中的费罗伦丝·查德威克后来说，令她失败的正是因为她在浓雾中看不到目标。	13秒。
好的，讲到这里，我们的课程快要接近尾声了。 李捷队长，我们带领大家一起唱首歌，来结束今天的课程好吗？	14秒。
李捷：可以。	6秒。
（合唱《阳光总在风雨后》。）	50秒。 课程总用时：354秒。

第4场：8分钟定向规定技巧高度、深度训练

训练要求：

①8分钟讲课训练，题目自拟；

②准备时间：一夜；

③4次走到教室的最深处；

④绝对不允许手在腰部以下，绝对不许分腿站立；

⑤与5人以上眼神交流；

⑥5个理性内容，其中2个内容做显性延伸，一个到5点，一个到3点；

⑦训练、研讨会、游戏、健身操保证1次，40秒完成；

⑧案例、故事保证各1个，每个40秒内完成；

⑨保证所有学员学习到有用的知识；

⑩组合问话2次以上；

⑪使用5种肢体语言；

⑫使用3种理性语言；

⑬使用2种感性语言；

⑭使用2种段论语言；

⑮课程6、7分钟各提醒一次，7分30秒做课程回顾，8分钟退回讲台处鞠躬答谢；

⑯课程结束后，填写自我评价表（见表12-5）。

点评要求：

①肢体语言的运用；

②理性内容的高度、深度、战略性、创新性；

③感性语言、感性形式水平；

④内容的教育意义；

⑤互动水平；

⑥规定技巧的使用；

⑦规定语言的使用；

⑧今天表现好的方面；

⑨今天表现差的方面；

⑩其他评价。

表12-5　PTT培训师第四次训练自我评价表

姓名：	课题：
今天我感觉好的： 1. 2. 3. 4.	

（续）

今天我感觉差的： 1. 2. 3. 4.
今天哪些计划了但没有讲好和没有讲到的，为什么？ 1. 2. 3. 4.
今天哪些是灵感突然涌现和超常发挥的？ 1. 2. 3. 4.
下次训练我要重点注意哪些？ 1. 2. 3. 4.

8分钟定向规定技巧高度、深度训练示例

背景介绍：

中国第三期PTT国际专业讲师培训高级班在大连举办，现场学员32人，全部为职业培训师，所有人都要经过5次讲课实战训练，必须按照专业标准完成技巧训练，对内容的编写要达到写剧本的标准，每人讲课前都要先交手稿。以下内容为白梁多老师现场课程手稿。

课题：培训师学习力训练

主讲人：白梁多

大纲：

一、培训师学习的重要性

二、培训师学习的常用方法（重点讲）

三、培训师学习中常见问题分析（重点讲）

四、培训师学习常见问题解决方法

五、对培训师学习标准的建议

课堂实录	点评
白梁多：各位学员，大家早上好！	双手外开上举。3秒。
学员：好！	气氛热烈。2秒。
白梁多：我是白梁多老师，今天我给大家讲课的题目是"培训师学习力训练"。	说完后鞠躬。现场一片掌声。9秒。
请问李慧老师，提升培训师的学习能力重要吗？	开场提问。5秒。
李慧：重要。	1秒。
白梁多：请问各位，培训师学习能力提升重要吗？	大声问。5秒。
学员：重要。	大面积互动。2秒。
白梁多：请问吴同学，培训师在学习中都有哪些问题？	4秒。
吴同学：一、找不到学习的方向；二、学习的内容与自身修养关系不大；三、太忙，没有时间学习；四、很多培训师只让别人学习，自己很不爱学习。	7秒。
白梁多：回答得很好，请大家给吴同学掌声。	第二次互动。2秒。
请问梁欣老师，你希望通过本课程学习到哪些知识？	提问。3秒。
梁欣：这个问题我没有思考过，很对不起。	3秒。

白梁多：请问朱大兵老师，你来回答好吗？	转问别的学员。第一次走到教室最深处。3秒。
朱大兵：我希望知道如何只学习自己用得上的内容，不学习对我的工作没有意义的内容。	4秒。
白梁多：好，请大家给他掌声。	第三次互动。现场掌声不断。2秒。
谢谢各位的参与。刚才问了两位学员，一位回答了学习的困惑，一位回答了对本次学习的期望，我相信很多人也有同样的期望和困惑，是吗？	13秒。
学员：是！	第四次互动。2秒。
白梁多：在课程中，我会重点考虑你们的困惑与期望，相信在我的8分钟时间里，你们所有人都能从中学习到知识与方法。不过在接下来的时间，还需要大家支持与配合。在这里，我给大家鞠躬，谢谢各位！	深深地鞠了个躬。所有学员情不自禁地鼓起了掌。22秒。小计：92秒。
	前面90秒课程很热闹，所有人的注意力都被抓住了，所有人同时互动达5次，在知识性课程中，

我将给大家从以下几个内容讲起：一、培训师学习的重要性；二、培训师学习的常用方法；三、培训师学习中常见问题分析；四、培训师学习常见问题解决方法；五、对培训师学习标准的建议。由于时间关系，我将重点讲第二和第三个内容。

对于培训师而言，学习意味着培训师能有成长的空间，意味着培训师能不断进步，意味着培训师是用自己的进步和收获培训别人，意味着培训师能不断在课程中收获新资讯，意味着培训师的理论深度、高度都能同步提升。

我们的周平老师是一位非常爱学习的老师。他近10年来，几乎30%的夜晚都是在看书中入睡。我认识周平老师4年，感受到他每年讲课的文学性都在提升，案例也在更新，授课艺术也在提升，这就是学习对培训师进步最明显的作用。

通常培训师有以下学习方法：一、直接查阅同行业书籍——提升自己课程的信息量；二、网络上查阅行业最新动态——提升自己课程的创新性；三、阅读

能有如此的互动，只有PTT高级班的训练才能达到。前面结束的一套互动开场，即开场三问。

理性语言。8分钟讲这么多内容，培训师的理论功力和对内容的把握绝对到了极致。25秒。

理性语言。第一个内容"培训师学习的重要性"讲清楚了。20秒。

案例。10秒。

理性语言。本课程的第二段理性内容，

一些文学书籍——提升自己课程的文学性与艺术性；四、观看同行业同课题培训师的授课录像——发现和学习别人的优点；五、多做企业学习需求调研——根据企业需求逼自己进步与课程更新。	也是训练要求中的将内容延伸到5点。15秒。
梁新文同学，可以请教你一个问题吗？	五组合问话1：批准式提问。3秒。
梁新文：可以的。	2秒。
白梁多：请问你知道培训师学习的5种方法吗？	五组合问话2：特定的封闭。3秒。
梁新文：知道的。	2秒。
白梁多：请你告诉我培训师学习的5种方法是什么。	五组合问话3：特定的开放。4秒。
梁新文：一、直接查阅同行业书籍；二、网络上查阅行业最新动态；三、阅读一些文学书籍；四、观看同行业同课题培训师的授课录像；五、多做企业学习需求调研。	10秒。
白梁多：好的，请问大家，他说得正确吗？	五组合问话4：一般的封闭。4秒。
学员：正确。	2秒。
白梁多：好，请大家一起说一遍培训师学习的5种方法。	五组合问话5：一般的开放。
学员：一、直接查阅同行业书籍；二、网络上查	4秒。

阅行业最新动态；三、阅读一些文学书籍；四、观看同行业同课题培训师的授课录像；五、多做企业学习需求调研。	13秒。 小计：209秒。
	在这里，白老师讲完第二个内容，基本每30秒就有互动，且信息量很大，当然内容都不难。
白梁多：谢谢各位，培训师学习是非常重要的。那么，培训师在学习中，都有哪些问题呢？请郭然同学回答。	8秒。
郭然：很多人没有时间学习，还有就是不爱学习。	3秒。
白梁多：请王湘棣老师补充一下，好吗？	2秒。
王湘棣：很多行业内顶级的培训师，无法向更高水平的老师学习，算吗？	4秒。
白梁多：也算，谢谢，请大家给他们二位掌声。	所有人互动。 5秒。
培训师学习经常出现的问题有以下三点： 　　有的培训师完全是不爱学习，很多人几年下来也没有什么进步，课程量一年比一年少，课酬也无法上涨。 　　有的培训师一年四季都忙于学习，可是学习的知识和他自己的课程没有什么关系，对他的进步意义不大。 　　有的培训师课程实在太多，没有时间学习，当然，非常大的课程量，也是教学相长的机会。	感性语言。 很愤怒的感性语言。 理性语言。 24秒。

爱学习的培训师,讲课能力每年都在提升,不爱学习的培训师,几年也没有进步;爱学习的培训师,课酬一年涨好几次,不爱学习的培训师,几年也不会涨价一毛钱;爱学习的培训师,总是不断结交新朋友,不爱学习的培训师,总是在老圈子里转来转去。	拔波语言的双线拔波反拔语言。18秒。
7年前,我有一个同事,也是我的好朋友,他有研究生学历,在别的公司工作3年后到我们公司上班。来的时候,老板和同事都很喜欢他,我们都羡慕他有硕士学位,起步工资就比我们高了400元。可后来发现,虽然他知道的东西和理论确实比我们多,但他的工作能力还不如我们。两年后,老板也渐渐发现,他虽然学历很高,但是基本上不学习,公司组织的培训他也经常不参加,大家对他的定位就是"不爱学习的人"。后来公司涨工资,老板唯独没有给他涨,他便辞职走了。两个月前我们见面了,他告诉我说他后面换了两家公司。我知道他离开我们公司后,工作职位没有任何提升,他的涵养也与7年前没什么不同。	故事。感性语言。53秒。
培训师该如何学习呢?我认为首先应该给自己定下学习的目标,如:每月看一本书,每月看一个同行业培训师3~10小时讲课视频,每月到一个培训师课堂现场学习一天……其实还有很多方法。只要你想学习,你就能进步,而培训师如果自己不追求进步,就无法在培训行业走得太远,就无法飞得太高。	理性语言,语速较快。17秒。
请问各位要不要加强学习?	大声问所有学员,语速较慢。3秒。
学员:要——	3秒。

白梁多：好，请全体起立，和我一起喊一段爱学习的口号。　｜　指挥所有人起立。7秒。

我说一句，你们一起说一句。爱学习的培训师能快速进步！

学员：爱学习的培训师能快速进步！

白梁多：不爱学习的培训师无法进步！

学员：不爱学习的培训师无法进步！

白梁多：我们一定要坚持学习！

学员：我们一定要坚持学习！

白梁多：我们要用学习武装自己，强大自己！

学员：我们要用学习武装自己，强大自己！　｜　27秒。

白梁多：各位，试想一下，当你每天学习一些课程中用得上的知识，帮助学员提升实战的能力，你的学员会一天天更加喜欢你，你培训过的单位会一次次邀请你去讲课，你的收入会一天天增加。你有了自己的房子，买了自己的汽车，天天带上孩子、爱人在海边兜风，呼吸海边的新鲜空气。夏日的清晨，你们一家人开车到山顶，闭上眼睛，感受夹带水汽的凉风，慢慢看着太阳升起，你的孩子高兴地说：爸爸妈妈，我看到日出了……　｜　感性语言。32秒。

小计：415秒。

各位，难道你们不希望过上幸福的生活吗？培训师是我们的职业，进步就是我们收入提升的最直接保证。

培训师学习达到的标准：一、提升授课内容的理论性；二、提升理论与实战的结合；三、提升授课艺术与课堂氛围；四、提升自己与培训机构、受训企业交往的能力；五、提升自己的培训师职业形象。　｜　24秒。

好了，课程讲到这里，就该说结束了，我们一起　｜　7秒。

回顾一下今天的课程内容好吗？

我们今天的5个内容是——

学员：一、培训师学习的重要性；二、培训师学习的常用方法；三、培训师学习中常见问题分析；四、培训师学习常见问题解决方法；五、对培训师学习的标准建议。

白梁多：学习的方法有什么？请大家一起说一遍。

学员：一、直接查阅同行业书籍；二、网络上查阅行业最新动态；三、阅读一些文学书籍；四、观看同行业同课题培训师的授课录像；五、多做企业学习需求调研。

白梁多：培训师学习中常见的问题有——

学员：有的培训师完全是不爱学习；有的培训师忙于学习，可是学习的知识和他自己的课程没有什么关系，对他的进步意义不大；有的培训师课程实在太多，没有时间学习。

白梁多：好的，大家回答都非常准确，谢谢各位，希望大家在人生中不断学习，不断进步，不断提升，谢谢各位！

56秒。课程总用时：8分22秒。

第5场：6分钟理性专题风格授课技巧训练

训练要求：

①6分钟讲课训练，课题自拟；

②准备时间：2天；

③不能有任何互动；

④3次以上走到教室最深处；

⑤故事、案例各1项，每项40秒内完成；

⑥4个内容点，1个延伸理性到5点；

⑦使用4项理性语言；

⑧使用4项段论语言；

⑨使用2项感性语言；

⑩要保证所有人学习到知识；

⑪4分钟提示，5分钟再提示，5分30秒课程回顾，6分钟时回起点，鞠躬答谢；

⑫课程结束后，培训师填写自我评价表（见表12-6），请其他人填写E1表（见表12-7）。

点评要求：

①课程中的气场；

②理性内容的深度、高度；

③理性语言的水平；

④感性语言的水平；

⑤内容的教育意义；

⑥肢体语言与课堂走动；

⑦今天表现出的优点；

⑧今天表现出的缺点；

⑨其他评价。

表12-6 PTT培训师第五次训练自我评价表

姓名：	课题：
今天我感觉好的： 1. 2. 3. 4.	

（续）

今天我感觉差的： 1. 2. 3. 4.
今天哪些计划了但没有讲好和没有讲到的，为什么？ 1. 2. 3. 4.
今天哪些是灵感突然涌现和超常发挥的？ 1. 2. 3. 4.
下次训练我要重点注意哪些？ 1. 2. 3. 4.

表12-7 PTT培训师训练评价表（E1表）

培训师： 　　　　课题： 　　　　点评人：
你今天课程的语言能力： 1.理性语言能力： 2.感性语言能力： 3.段论语言能力： 4.肢体语言能力：
今天我感觉你的理性内容好的（请举实例）： 1. 2. 3. 4.

(续)

今天我感觉你的理性内容差的（请举实例）： 1. 2. 3. 4.
我对你今天表现的其他评价： 1. 2. 3. 4.
我对你的一句话点评：

注：大部分培训师讲课都能做到理性，这里就不再列举示例了。

第6场：6分钟感性专题风格授课技巧训练

训练要求：

①6分钟讲课训练，课题自拟；

②准备时间：2天2晚；

③3个以上内容点；

④4种感性语言全部使用；

⑤煽情内容、场景内容、感觉内容全部要有；

⑥3次走到教室的最深处；

⑦不要有任何互动（口号除外）；

⑧不能分腿，手不能在腰部以下；

⑨故事、案例都要有，每项40秒内完成；

⑩口号技巧使用，40秒内完成；

⑪欢乐与消沉的感觉都要有；

⑫4分钟提示，5分钟再提示，5分40秒第三次提示，6分钟回到讲课的起点，鞠躬答谢；

⑬课程结束后，培训师填写自我评价表（见表12-8），请其他人填写E2表（见表12-9）。

点评要求：

①煽情感性语言水平；

②画面感性语言水平；

③场景转换水平；

④肢体语言、站姿标准；

⑤感觉感性语言水平；

⑥今天表现好的点评；

⑦今天表现差的点评；

⑧其他评价。

表12-8　PTT培训师第六次训练自我评价表

姓名：	课题：
今天我感觉好的： 1. 2. 3. 4.	
今天我感觉差的： 1. 2. 3. 4.	
今天哪些计划了但没有讲好和没有讲到的，为什么？ 1. 2. 3. 4.	

（续）

今天哪些是灵感突然涌现和超常发挥的？ 1. 2. 3. 4.
下次训练我要重点注意哪些？ 1. 2. 3. 4.

表12-9　PTT培训师训练评价表（E2表）

培训师：　　　　　　　课题：　　　　　　　点评人：
你今天课程的语言能力： 1.煽情感性语言能力： 2.画面感性语言能力： 3.感觉感性语言能力： 4.肢体语言能力：
今天我感觉你好的（请举实例）： 1. 2. 3. 4.
今天我感觉你差的（请举实例）： 1. 2. 3. 4.
我对你今天表现的其他评价： 1. 2. 3. 4.
我对你的一句话点评：

6分钟感性专题风格授课技巧训练示例

主题：培训师应该做好感性、理性、互动

主讲人：周平

记录人、点评人：洪海江

注：本节内容是我在所有PTT课程中都要讲到的重要内容。在给级别低的班级授课时，会将这个内容作为开场。因为听课的学员全部都是培训师，所以课程中，有时称其为"学员"，有时也称其为"讲师"。

课堂实录	点评
周平：各位学员大家好！我是周平老师，今天课程的题目是"培训师应该做到感性、理性、互动"。	自我介绍完后对学员鞠躬。8秒。
讲师课程中首先必须做到感性，因为感性是课程中唯一能抓住学员注意力的方法。各位讲师，请你们想一想，无论你的课程内容有多好，当学员注意力不在教室的时候，这个课程对学员还有意义吗？再请你们想一想，学员平时工作都很忙，他们百忙之中抽时间来学习，结果我们做老师的不能有效抓住他们的注意力，使他们对课程的期望落空，这样的课程有价值吗？我们对得起叫我们一声"老师"的学员吗？	提问。煽情感性语言。语速较慢，39秒。
其次，讲师要做好课程的理性，因为理性是学员学到知识的唯一保障。各位讲师，你们都是讲师，试想一下，如果你们来听我的课程，我没有内容给你们，你们会满意吗？	先用意味深长的感性语言，后转向热情似火的感性语言。
很显然你们不会高兴，不是吗？既然你们不能接	热情、澎湃的感性语言。

受我的课程没有高质量的内容,那你们怎么能期望学员接受你们的课程中没有高质量的内容,怎么能让学员接受你们的课程中没有有高度、有深度的内容呢?

所以各位学员,今天你们是我的学员,但是以后你们是讲师,请你们看在学员对你们尊重的份上,研究一些有价值的内容好吗?

同时,你们在课程中要绝对保证互动,因为互动是课程氛围的保障。没有人希望在沉闷的课堂中学习,难道你们希望我的课程沉闷吗?你们希望在沉闷的氛围中学习吗?如果你们不想在沉闷的气氛中学习,就请你们在课程中多一些互动吧。不要以为有了好的课程内容,你就是一个优秀的讲师了。在中国,比你们有学问的讲师数以十万计,可有些理论级别高的讲师,一个月工资还不如你们一天的讲师费高,就是因为他们课程沉闷,没有授课的市场。如果你们停留在过于强调课程内容,忽略了课程氛围的层面,那学员永远也不会喜欢你们。如果你们希望学员喜欢课堂,就请课程中多一些互动,不要让学员在你们沉闷的课程中度过。

柔情似水的感性语言。57秒。

热情似火的感性语言,语速较快,声音非常大。47秒。

课程到这里,用时151秒,三个内容讲清楚了:一、课程要感性;二、内容要有高度、深度,要实战;三、要用互动来保证课程氛围。柔情似水的感性语言、意味深长的感性语言、热情似火的感性语言、煽情的感性语言,全部做到了。

各位学员,请全体起立,和我喊一段口号——	学员起立。8秒。
讲师要做好以下三点。 学员:讲师要做好以下三点。 周平:一、感性——感性是抓住学员注意力唯一的工具。 学员:一、感性——感性是抓住学员注意力唯一的工具。 周平:二、理性——理性是学员学习到知识的保障。 学员:二、理性——理性是学员学习到知识的保障。 周平:三、互动——互动是课程氛围的保障。 学员:三、互动——互动是课程氛围的保障。	33秒。
周平:好的,请坐下。 各位学员,试想一下,当你的课程中感性、理性、互动实现了完美结合,你的学员一个个用仰慕、崇拜的眼神看着你,一个个动脑筋跟随你的思维节奏学习,一个个用心地记录着你的内容,这样的感觉难道不是你要的吗?	画面感性语言。21秒。
因此我要说,如果你是一位培训师,如果你尊重这一职业,如果你认为自己是一个合格的培训师,请你认真做好你课程的感性,认真做好你课程的理论,认真做好你课程的互动,不要让高高兴兴、带着期望来的学员失望而归。给所有学员他们要的、他们喜欢的,是我们做讲师的责任。如果你做到了,你就是一	热情似火的感性语言。29秒。

个优秀合格的讲师；如果你做不到，你就不是一个优秀合格的讲师。

给大家讲一个启发、激励我多年的故事。1980年的一天，一个初二班的课堂上，一名学生趴在课桌上睡着了，老师走过去狠狠地拍了一下桌子，学生吓坏了，向后一倒，后脑勺磕破了，流了很多血。老师赶紧抱着学生去医院，结果学生头部缝了8针。

晚上，学生的家长、亲戚十多人到老师家里要个说法，几句话不对路就打了起来，那位老师被打得夺门而逃，家里被砸得一片狼藉。

10分钟后，老师带着派出所的人来抓还在家砸东西的学生家长，结果老师的父亲——本校退休的老校长，跑回家拦着派出所的人，学生家长借机跑了。

老师的父亲责令老师跪在地上，开始教育老师：你是老师，你搞得学生睡觉了，这就是你教书的不合格，就是你工作的失职。学生睡觉了，你不知道轻轻地叫醒学生，还去吓唬人家，孩子受伤了，你抱孩子去医院是正确的，但是孩子家长来家里，你不道歉，还要和人家吵架，还去叫公安，这是我们教育世家的耻辱！

老校长当着老师的孩子和来看热闹的邻居的面，罚老师跪了三小时，自己也骂了三小时。

> 故事很感人，周平老师每每讲到这都会流泪，现场学生没有一个人走神，大家坐得很端正。91秒。

各位讲师，我今天给你们讲这个故事，是希望你们记住一件事情，一个六代为师的教育世家的老师，知识水平没有问题，但却不一定能让学生真正学到知识，还酿成一起教学事故。今天对教师的职业道德要求越来越高，老师的服务意识越来越强，我希望通过这个故事告诉大家，课程不能光靠知识，给学员好的课程氛围也是课程质量的保证。学员打瞌睡不是学生的问题，是讲师授课能力的不足。

我的这个内容结束了，希望对课程有帮助。

39秒。课程总用时：6分12秒。

第7场：6分钟互动专题风格授课技巧训练

训练要求：

①6分钟课程训练，题目自拟；

②准备时间：2天；

③6次以上大面积互动；

④10次以上一对一互动；

⑤不能有感性，可以有理性内容；

⑥必须有讨论。内容要值得大家认真讨论；

⑦要为其中一个课程内容制定标准；

⑧培训师自己的发言时间不能超过3分钟，每次发言不能超过1分钟；

⑨课程要有实际目的性，学员要能学到知识；

⑩课程进行到4、5分钟各提示一次，5分30秒提示一次，6分钟培训

师回起点,鞠躬答谢;

⑪课程结束后,培训师填写自我评价表(见表12-10),请其他人填写E3表(见表12-11)。

点评要求:

①互动与讲解的时间控制;

②互动时场面控制能力;

③互动前的组织能力;

④互动内容的点评;

⑤为某个内容制定标准的严谨度;

⑥互动中其他人的配合度;

⑦今天表现好的方面;

⑧今天表现差的方面;

⑨其他评价。

表12-10　PTT培训师第七次训练自我评价表

姓名:	课题:
今天我感觉好的: 1. 2. 3. 4.	
今天我感觉差的: 1. 2. 3. 4.	
今天哪些计划了但没有讲好和没有讲到的,为什么? 1. 2. 3. 4.	

（续）

今天哪些是灵感突然涌现和超常发挥的？ 1. 2. 3. 4.
下次训练我要重点注意哪些？ 1. 2. 3. 4.

表12-11　PTT培训师训练评价表（E3表）

培训师：　　　　　　　课题：　　　　　　　点评人：
你今天课程的语言能力： 1. 2. 3. 4.
今天我感觉你互动的场面控制能力与组织能力好的（请举实例）： 1. 2. 3. 4.
今天我感觉你互动的场面控制能力与组织能力差的（请举实例）： 1. 2. 3. 4.
我对你今天表现的其他评价： 1. 2. 3. 4.
我对你的一句话点评：

6分钟互动专题风格授课技巧训练示例

课题：做个好"剽"客

注：本节内容来自2003年，我在深圳为PTT国际专业讲师培训中级班授课时一位优秀学员的演练实录，过程精彩纷呈，笑料不断，是"闹"风格课程的经典案例。

该学员如今已是中国培训界非常有名的培训师，他允许本人原版出版，但是不想留名。感谢他愿意将本节内容奉献出来，为课程氛围差的培训师提供了活跃课程氛围的思路与方法。

课堂实录

讲师：大家好！我是××老师，我的课题是"做个好'剽'客"。

请问张良同学，你做过剽客吗？

张良：没有，没有，从来没做过。

讲师：马波同学，你做过剽客吗？

点评

由于出示题目，大家误以为是"嫖客"的"嫖"。这是精心设计的。学员们都惊讶地大笑出来。很显然，他挖的陷阱达到效果了。

张良很难为情，其他学员大笑不止。

马波也有些无所适从，学员继续大笑不止。

马波：没有。

讲师：张丽丽小姐，你被人剽过吗？

张丽丽：有啊，我经常被别人剽的啊！

（这位老师将一张写有大标题的纸："做个好'剽'客"贴在白板上，所有人瞬间明白了课程题目。）

讲师：其实我们生活在世界上，每人都在做剽客，也都在做剽客的过程中学习和成长。如果我们不剽窃父母的吃饭方法，我们还没有长大就饿死了；如果我们不剽窃老师的知识和书本知识，我们小学一年级都毕业不了；如果我们不剽窃同事干活的技能，我们几天就因为不会干活被开除；如果我们不剽窃歌手的音乐，我们在KTV就无法纵情地放声歌唱。

我们所有的人都在不停地做剽客，天天剽别人的知识。有的人天天剽别人的方法，有的人天天剽别人的语言，有的人天天剽别人的服装款式。可以说没有剽的能力，就没有学习成绩的提升，就没有健康的成长，就没有上高等学府的机会，就没有娶妻生子的机

女生应该是事先安排的"托"。

女生很淡定地回答，所有人笑得手拍桌子脚踏地。

40秒。

脱口秀语言。

拔波语言的单线拔。

会，就没有人类的进步与社会的发展。

也有的人天天被人剽，有的人被人剽还成瘾，不被剽还全身不自在。就像我们的周平老师，他每年教会几千位老师讲课，就等于有几千人在剽窃他的知识和方法。

会做剽客是成功的开始。被人剽是有能力的证明。

	理性定义。52秒。达到了每段不超过60秒的标准。

请全体起立，和我一起喊个口号。我说一句，你们学一句——我是一个剽客。

学员：我是一个剽客。

讲师：我是一个优秀的剽客。

学员：我是一个优秀的剽客。 48秒。

讲师：我是一个非常优秀的剽客。

学员：我是一个非常优秀的剽客。 4秒。

讲师：我要月月剽，周周剽，日日剽来积累自己的能力。

学员：我要月月剽，周周剽，日日剽来积累自己的能力。 60秒。

讲师：各位老师，请大家讨论一下，做剽客都有哪些方法。每人用1分钟写2种做剽客的方法。 大家大笑。6秒。

（1分钟后这位老师开始验收。）

讲师：各位剽客，请大家说说你们的方法。

学员1：看报纸。

学员2：上网查资料。

学员3：看《新闻联播》。

学员4：听你讲课，剽你。

学员5：听周平老师讲课，剽周老师。

学员6：学习我领导的能力。

讲师：你领导是男的还是女的？

现场又是一阵大笑。50秒。

讲师：各位！请问做个好剽客重要吗？

学员：重要！

讲师：请大声一点再说一遍，重不重要？

学员：重要！

讲师：张志同学，你告诉我如何个重要法？

张志：因为做剽客很快乐啊。（学员全部笑了。）笑什么？不用努力就学习了，不快乐吗？

讲师：各位同学，我现在教大家几种做剽客的方法：一、看别人的书；二、学习别人的课程；三、复制别人的方法；四、将模仿别人的知识变为自己的实践。

各位，请大家和我一起唱一首剽客歌，好吗？

学员：好！

讲师：（将写有歌词的纸贴在白板上）请大家用《男儿当自强》的曲调一起唱，我唱一句，你们唱一句，然后我们一起合唱，好吗？

学员：好！

讲师：做个好剽客。

学员：做个好剽客。

讲师：每天都去剽。

32秒。

20秒。

学员：每天都去剽。

讲师：一天不去剽。

学员：一天不去剽。

讲师：我心不逍遥。

学员：我心不逍遥。 52秒。

讲师：好，大家一起唱一遍—— 2秒。课程总
做个好剽客， 用时：6分2
秒。

每天都去剽，

一天不去剽，

我心不逍遥。

好的，我的课程就要结束了，祝各位剽客幸福愉快，小心警察。

第8场：15分钟综合风格定向规定技巧授课训练

训练要求：

①15分钟讲课训练，课题自拟；

②准备时间：5天；

③8次走到教室最深处，不能分腿站立；

④双手全程放腰部以上；

⑤案例、故事共4次以上，每次时间不超过1分钟；

⑥理性内容有2个大纲，共8个以上小节，其中4个小节要加入细节，4个小节延伸数量分别为2个、3个、4个、5个；

⑦煽情感性语言、画面感性语言各1次，各1～40秒；

⑧训练、讨论、健身操保证1次，1分钟内完成；

⑨集体唱歌、跳舞、玩游戏1项，40～60秒；

⑩与课程内容有关的、教具以外的道具2种；

⑪奖品2个，分2个理由发；

⑫借用中国古诗词；

⑬感性、理性、互动时间分配不能有一项超过50%，不能有一项低于20%；

⑭保证所有学员最少学习到2个有用的知识点；

⑮8分钟第一次提示，12分钟第二次提示，14分钟第三次提示，开始课程回顾；

⑯课程结束后，培训师填写自我评价表（见表12-12），请其他人填写专家评价表（见表12-13）。

表12-12　PTT培训师第八次训练自我评价表

姓名：	课题：
今天我感觉好的：	
1.	
2.	
3.	
4.	
今天我感觉差的：	
1.	
2.	
3.	
4.	
今天哪些计划了但没有讲好和没有讲到的，为什么？	
1.	
2.	
3.	
4.	
今天哪些是灵感突然涌现和超常发挥的？	
1.	
2.	
3.	
4.	

下次训练我要重点注意哪些？

1.

2.

3.

4.

表12-13 PTT培训师训练专家评价表

培训师：	课题：	点评人：

一、我观察你用了下列技巧：

提问（　　）	肢体（　　）	理性（　　）	感性（　　）
走动（　　）	道具（　　）	故事（　　）	开心金库（　　）
案例（　　）	板书（　　）	训练（　　）	开场三问（　　）
三问话组合（　　）	五问话组合（　　）	鼓励学员（　　）	
其他技巧（　　）（　　）（　　）（　　）			

二、今天的课程，我个人觉得你讲得比较好的是：

1.
2.
3.
4.

三、今天课程可以改进及建议你增加的内容：

1.
2.
3.
4.

四、我对你的一句话点评：

五、你可能适合讲的课程，建议你研究看看：

综合得分								
感性	理性	互动	肢体	教育性	深度	高度	创新性

15分钟综合风格定向规定技巧授课训练示例

课题：茶壶天下

主讲人：周平

记录人、点评人：洪海江

大纲：

一、茶壶天下与文学

二、茶与人性

三、壶与人性

注：本课题摘自我的三大课程之一——"中国茶文化与领导艺术"其中一个大纲"茶壶天下"的部分内容。"中国茶文化与领导艺术"课程，我经过了三年的研究，重点讲述"茶与人性""壶与人性"。

	点评
	语气从容。12秒。
	温和的语气。5秒。

课堂实录

周平：大家好！我是周平老师，今天我要讲的课程是"中国茶文化与领导艺术"其中一个大纲"茶壶天下"的部分内容。

何为"茶壶天下"？指的是茶的世界和壶的世界。课程之前，我先送给大家我2007年写的一副对联，就我所知，应该有超过300家茶艺馆或者茶叶店都借用了这副对联。通过这副对联，大家就能了解茶叶的世界有多大。

（PPT上打出对联——上联：名士雅赏天下茶；下

	学员开始拍照。15秒。

联：壶趣叙论人间道；横批：天下茶道。）

周平：第一个主题：茶壶天下与文学，就从这副对联说起。我来解释一下这副对联，这是一副能随意拆开的对联。

如果上联、下联各选两个字，上联选"赏茶"，下联选"论道"，"赏茶"对"论道"也是绝对。

如果上联、下联各选三个字，上联选"天下茶"，下联选"人间道"，"天下"对"人间"，"茶"对"道"，"天下茶"自然对"人间道"了。

如果上联、下联各选四个字，上联选"赏天下茶"，下联选"论人间道"，也是绝对。

如果上联、下联各选五个字成为对联，上联选"雅赏天下茶"，下联选最后五个字"叙论人间道"，优雅地欣赏、品茗店里的各类好茶，在欣赏品茗中畅谈人间的真善美。

如果上联、下联各选六个字，上联选"士雅赏天下茶"，是对品茗者的尊重，赞美爱茶的人是身份高贵的人；下联选"趣叙论人间道"，指喝茶之余谈论人间道妙趣横生。

完整的对联自然就更加有高度和内涵了。上联是对品茗者的尊重，更是对客人的约束，要求客人不要恶语、不要喧哗，保持茶场所的幽静，让所有人在优雅幽静的氛围中品天下茶；下联则指在品茗时从"壶"的世界中聊出很多趣味的话题和人间的道。

再来看第二个主题：茶与人性。

茶在五行中属木。现代人开车了、住高楼了，家

用对一副对联的解释开场，既说明了"茶壶天下"课题的博大精深，又让学员学了对联格律，展示了讲师的文学底蕴。这个开场既柔和又大气，也用上了课程中要有古诗词的要求。134秒。

小计：166秒。

家户户基本不缺"金"。

30年前,家家户户住的房子木头特别多。木主情,也可以说木生情。30年前的生活人情浓厚,现在木头少了,人与人的情感就淡了。现在中国的家庭普遍缺乏木,也就是说中国社会、家庭普遍需要更多的感情,需要更加浓厚的感情。

我们看看,几乎所有爱茶的人生活的质量、幸福指数都比较高,甚至被很多人羡慕。这就是茶的世界,这就是茶与人性。

当然,茶主感情不仅仅是源于五行的解释,茶能提升人与人之间的感情还有很多依据。比如:喝茶比喝任何其他饮料都有利于身体健康,茶能消除很多种疾病,茶能平复人的急躁情绪,当一个人急躁时,就容易得罪人,伤人伤身。另外,中国三大休闲产品,第一是烟。现在的香烟面临"老鼠过街,人人喊打"的境地。在家里,为了家人的健康不能抽,在公众场所也不能抽。第二是酒。现在都大力查酒后驾驶了,政府以法律和行政手段来告诉人们,喝酒不是好事,酒桌上因喝酒打起来的有之,敬酒不喝就把人得罪了的有之,酒后乱性、酒后闹事者有之。第三就是茶。世界上几乎不会有人因为敬茶不喝把人得罪的,也不会喝茶的时候打起来。

所以,要朋友多就喝茶,要提升亲情多喝茶,要提升友情多喝茶;要获得姑娘的芳心,带她去茶艺馆,说说茶叶的世界,让姑娘看出你内心的仁厚与涵养,让爱情升温。

好,接下来我们讨论一下,中国都有什么好茶,

语气柔和,带有自信。61秒。

82秒。

11秒。

60秒。

也看看你们对茶叶的认知水平,大家用一分钟讨论一下,看看你们能说出些什么茶叶。

（一分钟后。）

请大家说说中国都有些什么茶叶。

学员1：我们家乡出大红袍。

学员2：我们湖北有毛峰和绿茶。

学员3：我知道云南有普洱茶。

学员4：我去过黄山,听说黄山毛峰蛮有名的。

学员5：铁观音是名茶吗？

学员6：我最爱喝的是龙井茶。

……

周平：我给大家说说不同茶叶与人生的对比。

龙井茶如0～7岁的孩子。龙井茶的特点是瞬间让人感受到清香、甘甜。如一个小孩的诞生,是几个家庭的喜事。但是龙井茶不耐泡,三泡后再也没有任何味道,就如经历了小孩诞生的喜悦后,接下来就是伺候孩子吃喝拉撒的繁琐。

花茶如18～25岁的美女。花茶的香甜和颜色如美女一样让人瞬间就喜欢上,但是这个年纪的女子,其社会阅历、知识积累、气场涵养都还不够,正如花茶有香甜的茶味、美丽的汤色、花瓣的清秀,但是缺乏久品的后韵。

铁观音如27岁以下的青年才俊。铁观音茶气逼人,如才华横溢的年轻人般魅力四射,既被尊重又被欣赏。能泡6～10次,可以说有一定程度的厚重,如有才华的年轻人工作能力、生活能力较强,但是不够老

70秒。

小计：450秒。

谋深算。

红茶如27～35岁的女性。红润的茶汤与这个阶段女性的富态、知识、阅历正好相应对。年轻女性的时尚与红茶怡人的茶味形成有效呼应。

普洱熟茶如35～45岁的成熟女性。普洱熟茶能泡20次以上，正如这个年纪女性的沉稳与内敛；茶味甘甜、滑口、浓香，又如这个年纪女性做人的大爱与温润，体现了和这个年纪女性交往的轻松与舒适；琥珀色的茶汤尽显这个年纪女性的人生阅历。

普洱生茶如35～60岁的男性。能泡40次以上的高端普洱生茶，如这个年纪的男人一样阅历丰富，富有深度；40泡不退味，显示了这个年纪男人的厚重、霸气和自信。40～60泡的实力，如这个年纪男人的经济实力、知识底蕴取之不绝。

这就是茶与人生，无论你是什么身份，无论你是多大岁数，世界上就是有一款茶是因为你而存在的。

> 酣畅淋漓的一段拽文，理性的内容，感性的语言。150秒。
>
> 走到学员面前。

张恪你好，请问龙井茶应对的是什么人？

张恪：龙井茶应对的是7岁以下的孩子。
周平：马博你好！请问花茶应对的是什么人？
马博：花茶应对的是18～25岁的女生。
周平：马晴小姐！铁观音应对的是什么人？
马晴：铁观音应对的是27岁以下的年轻人。
周平：张兰花你好！请问红茶应对的是什么人？

张兰花：红茶应对的是我这个岁数的人，结婚了，有孩子了，怕失去年轻的感觉的人，不过听了周老师说的普洱熟茶，我觉得也很好。	内容回顾。37秒。
周平：李玉你好，请问普洱熟茶应对的是什么样的人？	
李玉：普洱熟茶应对的是周老师你这样的人，不过你是男的。	
周平：柯子你好！普洱生茶应对的是什么样的人？	
柯子：普洱生茶应对的是像你这样的人，你的岁数和成就都是我们喜欢的。	41秒。
周平：茶对人最大的价值不在于健康和休闲，而在于"茶的气质"。茶的气质是温顺的气质，将茶放在任何温度的水里，它都会释放出最合适这一温度的味道，从来不会挑剔，从来不会对抗，从来不会用暴力。把茶放在开水里浸泡，会有浓烈的茶味；把茶放在冷水里浸泡，会逸出清淡的茶香。	
现在大多数人太浮躁，普遍缺乏茶的气质，很多人都像公牛一样见人就顶，这样不好。所有人都应该学习茶的气质，少些焦躁，多些祥和；少些芥蒂，多些包容。	
各位学员，茶就讲到这里，我现在给大家讲讲壶与人生。这里说的壶不是直接指某把壶，也不是指某种材质的壶，我要说的是所有的壶。	55秒。
我们需要学习壶的气质和修养。万物之下，以壶为最包容。壶的身体就是来包容东西的，但是它的口非常小，体现了人要肚子里有货，吐的时候却要小心翼翼，不要急于脱口而出。	大面积互动：现场调研。

用包容的心态来壮大自己的能量、用谨言来保障自己的安全。这就是人需要向壶学习的精神，所以每个人平时办公室应该放一把紫砂壶，时常告诫自己向壶学习，学习壶的品德、学习壶的修养、学习壶的谨慎。	大面积互动：现场调研。

各位学员，喜欢壶的人举手我看看。

54秒。

家里有收藏一把以上紫砂壶的举手我看看。

柯子同学，说说你喜欢壶的理由。

柯子：其实也说不出理由，就是不讨厌，握在手里的感觉很好，就买了。

周平：你这是对壶最基本的喜欢，你说不出原因就买了，这说明一个人需要向壶学习，学习什么？壶是非必需品，而且价格还那么高，大家为什么要买？就是它能在不言不语中就能获得别人的喜欢，这就是人需要向壶学习的地方。很多人为了获得别人的喜欢和认可，个个绞尽脑汁，结果却收效甚微。

我再说说壶的修养。壶的修养是：博学、包容、谨言，不与天斗、不与地斗、不与人斗。

壶的优点很少——包容与谨言。此外，除了壶的制作工艺与材质之外，几乎再无吸引人之处，但是喜欢壶的人有增无减，爱好者对壶的喜好与日俱增。为什么优点不多的壶值得这么多人的追捧？就是它时刻告诫人"安全"，与任何物体间超过500克力的碰撞，足以让一把一万元的紫砂壶粉身碎骨。所以壶大肚能容天下事，但却谨言慎语低调行。

53秒。

小计：840秒，即14分钟。

不与人争、不与人斗、与人方便，是壶给我们的告诫，也是我们要向壶学习的智慧。

课程总用时：15分钟。

各位学员，"茶壶天下"教会我们的是茶的气质。茶的气质是什么？

学员：温顺、柔和、浑厚而不暴力。

周平：壶的修养是什么？

学员：壶的修养是博学、包容、谨言，不与人斗。

周平：各位学员，希望"茶壶天下"这门课能对你们的人生起到教育与告诫的作用。世界大而复杂，与人为善就是为己积善，希望大家早日修炼到茶的气质，练就壶的修养。

> **总结**
>
> 培训师的授课技能不是学习来的，而是训练出来的。
>
> 8场专题训练中的每一场都经过多次练习，并请专家根据练习中的考核维度进行点评，然后针对点评加以调整，再次练习，不断减少缺点，不断增加和完善优点，你的课程将越来越完美。
>
> 在此周平真诚地答谢各位读者朋友，如果我来到你的城市，只要你已经准备好了8场训练中某一场专题训练的内容，我愿意免费给你做专业点评和指导。

致谢

　　本人衷心感谢培训行业的朋友们多年来对我的支持，尤其感谢温州亚美信管理顾问有限公司陶辉先生多年来一直不间断地提供给我讲课的机会，练就了我今天在PTT课程中的成就；更应该感谢中商院杨思卓先生多年来带领团队在中国大力推广PTT课程，才让PTT课程在中国培训市场有了如此强大的口碑和认知度；还要感谢问鼎培训机构多年来对我的照顾，提供给我无数的授课机会和发展平台；尤其不能忘记曾仕强先生在早期对我课程的指导和提出的宝贵意见，没有曾老前辈的提点和勉励，我最少需要多用10年来摸索和研究。一生中我说"谢谢"最多的是我的好兄弟、好伙伴——河北大漠绿洲培训机构负责人冯树国先生，他的不离不弃、他多年坚守"做高品质课程"的格言，一直激励我不断钻研PTT课程精华，提升PTT课程艺术。没有培训机构的支持和信任就没有培训师的发展，再次感谢培训机构！感谢培训机构的市场人员，没有你们的辛勤劳动和你们用智慧与汗水为我创造的一次次授课机会，就无法有我今天在PTT课程中灵感迸发、收放自如的讲课风格。

　　本书问世还应该感谢大连才智培训机构梁梓女士、白梁多女士和我的好朋友刘慧女士，她们在我写作本书初期提供了无数支持与帮助。写书第二阶段，我在湖南长沙雷家桥闭关10天，得到百岁抗日英雄黄老先生一家的热情接待和细心照顾。离开时老人对PTT一书早日上市的期待和希望我多留几日的温情至今历历在目，不时引起我再去雷家桥的冲动。

　　感谢你们，我的朋友！

　　感谢你们，为我铺路的培训机构！

　　感谢你们，和我合作的培训机构工作人员们！

　　感谢你们，期待周平不断传来好消息的培训大家！

　　因为你们，我会更加努力；因为你们，我会更愿意担负起培养更多培训师的责任；因为你们，我会更加强大！

周平于山西孝义